KB125769

하버마스의 『공론장의 구조변동』 읽기

세창명저산책_042

하버마스의 『공론장의 구조변동』 읽기

초판 1쇄 발행 2016년 2월 15일
초판 2쇄 발행 2024년 9월 10일

—

지은이 하상복
펴낸이 이방원
기획위원 원당희
책임편집 정조연   **책임디자인** 손경화
마케팅 최성수·김 준   **경영지원** 이병은

—

펴낸곳 세창미디어

신고번호 제2013-000003호 주소 03736 서울특별시 서대문구 경기대로 58 경기빌딩 602호

전화 02-723-8660 팩스 02-720-4579 이메일 edit@sechangpub.co.kr 홈페이지 http://www.sechangpub.co.kr

블로그 blog.naver.com/scpc1992 페이스북 fb.me/Sechangofficial 인스타그램 @sechang_official

—

ISBN 978-89-5586-415-1 03160

Jürgen
HABERMAS

세창명저산책_042

하상복 지음

하버마스의 『공론장의 구조변동』 읽기

세창미디어
MEDIA

머리말

    근대 민주주의의 사상적 초석을 다진 영국 사상가 로크 John Locke의 대표 저술 『통치론』의 도입부는 필머의 '왕권신수설王權神授說'에 대한 논리적 공격으로 시작하고 있다. 군주권력은 신이 내렸다는 왕권신수설에서 권력의 정당성 legitimacy은 하늘이라는 초월적 존재로 귀속된다. 하지만 로크는 국가권력의 정당성이란 신이 아니라 피치자인 국민으로부터 부여되는 것이라는 생각으로 전통적 사유체계에 맞섰다.

    근대 정치는 그와 같은 혁명적 사유에서 시작되었다. 국가권력, 정치권력의 정당성은 '아래'에서 올라온다는, 이른바 패러다임의 전환이다. 그 새로운 관점으로부터 민주주의의 주요한 절차적 원칙이 도출된다. 국민이 참여한 선거만이 정치권력에 정당성을 부여할 수 있고, 주권자로서 국민은 자신이 선출한 정치권력이 공정한 공적 권력을 행사하는지를 끊임없이 감시하고 비판할 수 있다는 원칙이다.

하버마스의 『공론장의 구조변동』은 그와 같은 민주주의 정치 원리가 서유럽 근대사 속에서 어떻게 시작하고 정착하고 작동했는지를 살펴보고 있다. 정치권력의 존재론적 정당성과 정책적 정당성에 대한 지속적인 물음과 문제제기를 시도한 장소이자 의지로서 '공론장'과 '여론'은 서유럽 근대 민주주의 정치를 관통하는 개념이었다. 그 공론장과 여론이 민주주의의 힘을 지닐 수 있었던 것은 닫힌 공간이 아니라 열린 공간이었기 때문이고, 자유롭고 평등한 절차와 차이를 인정하는 원칙 아래에서 만들어진 집단적 의견이었기 때문이다. 열린 공간에서 만들어진 여론의 진단과 평가를 견디어 낼 때라야 정치권력의 정당성과 민주성이 확보된다는 것이 하버마스가 말하는 토의 민주주의의 핵심적 주장이라고 할 수 있다. 그러나 그와 같은 토의 민주주의, 여론 민주주의가 현대 정치에서 온전하게 작동하지 않고 있으며, 그렇기 때문에 민주주의적 정치 커뮤니케이션을 위한 새로운 사상적 도전과 해법이 필요하다고 하버마스는 말하고 있다.

한국은 1980년대 후반 민주화를 시작한 이래 도도한 민주주의의 길을 밟아 나가고 있다. 하지만 오늘날 우리 사회에서 민주주의 정치가 원활하게 이루어지고 있는지 우려스럽다. 정치적 토론이 활발하게 이루어지는 공론장은 어디에 있는지, 그 가능성은 여전히 남아 있는지, 정치권력의 정당성을 묻고 민주적 권력행사를 요구하는 여론은 어디에서 만들어지고 있는지, 의문을 제기하지 않을 수 없다.

하버마스 민주주의 사상의 정수가 담겨 있는 『공론장의 구조변동』은 민주주의의 근본적 원칙에 대한 성찰과 현대 한국사회가 겪고 있는 민주주의 위기의 본질에 대한 인식으로 우리를 이끌어 갈 것이다.

마쳐야 할 시간을 훌쩍 넘겼음에도 인내로 기다려 주신 세창미디어에 감사를 드린다. 언제나 그렇듯 가족들의 격려와 지지가 없었다면 이 힘든 작업을 마칠 수 없었을 것이다. 이 자리를 빌려 아내 나양과 딸 연재에게 고마움을 표한다.

2016년 1월
하상복

| CONTENTS |

1. 본문에 표기된 하버마스 원전의 쪽수는 '한승완 역, 『공론장의 구조
   변동: 부르주아 사회의 한 범주에 관한 연구』, 나남, 2001'의 쪽수를
   따랐으나 이해를 돕고자 필요에 따라 번역을 약간 수정하였다. 이
   와 함께 영역본 'Thomas Burger, *The Structural Transformation of
   the Public Sphere: An Inquiry into a Category of Bourgeois Society*,
   The MIT Press, 1991'를 참조하였다.

2. 원문을 인용한 부분 중 필자의 보충설명은 [   ]안에 담았다.

3. 고딕체로 표기된 부분은 원전의 강조 표기를 그대로 반영한 것이다.

1장
문제 지평 열기
— 근대와 이성의 두 얼굴

제1차 세계대전은 900만 명 이상의 사망자와 2000만 명 이상의 부상자를 초래한 미증유의 비극적 전쟁이었다. 미국의 정치학자 나이Joseph S. Nye Jr.는 다음과 같이 말했다. "제1차 대전은 참호, 철조망, 기관총, 포탄으로 유럽의 한 젊은 세대를 없애 버린 끔찍한 전쟁이었다." 그렇다면 이처럼 전례 없는 대규모의 전쟁은 왜 일어났는가? 유럽의 어떤 나라들이 아시아와 아프리카의 어느 나라들을 집어 삼켰는가를 보여 주는 제국주의 지도가 그에 대한 답을 제공한다. 잘 알려진 것처럼 영국, 프랑스, 독일, 포르투갈, 네덜란드, 스페인, 벨기에 등 유럽국가들은 경쟁적으로 식민지를 늘려 나갔고, 1914년의 제1차 세계대전은 식민지 확장을 둘러싼 쟁탈전이 임계점을 넘어 발생한 역사적 사건이었다.

유럽은 그와 같은 비인간적 상황의 재연을 막기 위해 베르사유체제를 통해 국제연맹League of Nations을 수립했다. 하지만 그 체제와 제도는 결코 유럽에 평화를 가져오지 못했다. 패전국 독일은 대단히 혹독한 의무를 부과한 전후 체제에 불만을 품고 적대와 저항의 심리를 국민적으로 조장해 나갔다. 그 중심에는 히틀러A. Hitler의 나치즘(국가사회주의운동)이 자리하고 있었고, 결국 또 한 번의 대규모 전쟁을 피할 수 없었다. 제2차 세계대전은 3500만 내지 5000만의 인명 희생을 가져왔는데 희생자의 대부분은 민간인이었다. 전쟁은 인종주의와 공격적 민족주의의 극악성과 반인륜성이 어디까지 갈 수 있는가를 적나라하게 보여 주었다.

유럽의 20세기 절반은 전쟁으로 점철되었지만 그 비극의 파장은 유럽 대륙에만 머무르지 않았다. 유럽 제국의 식민지로 전락한 아시아와 아프리카 또한 그 전쟁으로 엄청난 희생을 겪어야 했다. 앞서 언급한 두 대전의 희생자 숫자에 아시아와 아프리카 민중들이 포함되어 있는지 묻지 않을 수 없다. 유럽의 제국주의 경쟁과 대규모 전쟁은 어느 날 갑자기 발생한 것도, 우연적 상황 속에서 일어난 것도 아니다. 그 원인을 이해하기 위해서는 유럽이 '근대'로 불리는 새로운 체제를 조형한 때로 거슬러 올라가야 한다.

유럽은 17세기 중반부터 본격적으로 근대의 문을 열기 시작했다. 그 이후 유럽은 그야말로 혁명의 시간을 경험해야 했다. 전통과 관습에 둘러싸인 군주체제를 개혁하고 해체하는 정치혁명(영국혁명, 프랑스혁명)과, 토지에 기반을 둔 농업경제체제가 그 뿌리부터 흔들리는 경제혁명 속에서 근대라는 집이 지어지기 시작했다. 유럽의 근대는 피치자였던 신민subject들이 국가의 주권자인 국민nation이 되는 것을 가능하게 했고, 모든 정치권력이 시민적 의지와 결정 속에서 탄생하고 해체되는 민주주의를 가져왔다. 또한 자본주의 경제에 힘입어 물질적 풍요가 급속히 증대되었고, 토지에 구속된 정적이고 공동체적인 삶의 원리를 해체하여 이동성에 입각한 생활양식과 개인 중심의 새로운 사회체제를 만들어 냈다. 근대는 민주주의, 개인주의, 산업화, 도시화 등과 같은 개념들 위에서 그 이전의 전통과는 구분되는 새로운 사회로 탄생했다. 근대적 학문으로서 사회학의 태동은 그러한 혁명적 변화에 기인한다.

근대 유럽은 모든 면에서 자부심과 자신감으로 충만했다. 신분제와 같은 오랜 제도적 구속으로부터 인간을 해방하고 인권, 자유, 평등, 관용 등 인류의 존엄을 보장할 언어들을 발명해 냈다. 자연의 힘을 인간의 필요에 맞게 이용할 기술적 능력을 확보하고 물질적 풍요로움의 길을 열어 주었으며, 집단과 공동체에 종속되어 도구화되어 온 개인들의 가치에 새로운 빛을 던져 주었다. 근대는 온갖 전통적 구속으로부터 인간을 해방한 '진보의 시대'로 나타났다. 전근대란 글자 그대로 부정적인 것, 사라져야 할 것으로 간주되었으며, 전근대 혹은 전통에서 근대로 나아가는 것이 올바른 역사의 길이라는 인식이 확산되었다.

한편, 근대 유럽인들이 지니고 있던 역사적 자긍심은 그 내부에 머물러 있지 않고 아시아와 아프리카라는 '전근대'의 대륙으로 나아갔다. 우리는 그것을 제국주의imperialism로 부른다. 19세기 후반부터 시작된 유럽 제국주의는 경제적 요인과 이념적 요인이 서로 맞물려 있었다. 유럽은 산업혁명 이래 급격하게 늘어난 자본주의 생산력 문제를 효과적으로 해소하고 필요한 생산요소들을 안정적으로 공급할 공간을 요구했다는 말인데, 그 경제적 필요를 충족하기 위한 무대가 식민지였다. 그리고 유럽은 자본주의적 열망과 더불어 자신들이 이룩한 이념적 성과들을 바깥으로 전파하려는 의지와 욕망에 사로잡혀 있었다. 유럽의 제국주의는 근대의 정치사회적 이념과 가치들을 식민지에 이식하면서 야만의 세계에 문명의 빛을 전파한다는 역사적 소명으로 그 과정을 정당화했다. 그 점에서 19세기 후반 유럽은 사이드E. Said가 말하듯, 아시아와 아프리카를 향한 특정한 규범적 시각인 오리엔탈리즘orientalism의 분위기에 휩싸여 있었다고 볼 수 있다. 자본주의적 착취와 오리엔탈리즘에 바탕을 둔 가치 이분법적 세계관은 아시아와 아프리카 민중들이 겪어야 했던 커다란 고통과 대규모 희생을 연민의 눈으로 보는 것을 불가능하게 했다.

이렇게 본다면 유럽의 근대는 다분히 이중적인 혹은 야누스적인 모습으로 나타난다. 말하자면, 근대는 모든 구속과 억압과 강제로부터 인류의 해방을 선언했다는 긍정적이고 자랑스러운 얼굴을 지니고 있지만, 하나의 대륙에 의한 또 다른 대륙의 지배와 그 지배를 둘러싼 잔인한 싸움의 뿌리가 근대의 물질적·정신적 욕망 속에 있었다는 점에서 그 시대는 부정적이고 추악한 얼굴을 감추고 있는 셈이다. 유럽의 근대가 논쟁의 중심에 설 수밖에 없는 이유가 거기에 있다. 근대를 어떻게 바라보고 평가해야 하는가의 문제는 19세기 중반부터 활발하게 제기되고 있었다. 마르크스Karl Marx, 베버Max Weber, 뒤르켐Emile Durkheim, 짐멜Georg Simmel 등 이른바 고전 사회학자로 불리는 지성들의 궁극적 관심 또한 근대와 근대성에 대한 이해와 분석 그리고 예측에 있었다. 그들에게 근대는 긍정과 부정이 교차하는 모습으로 나타났다.

고전 사회학에서 시작된 근대성 논쟁은 20세기에 들어서도 단절되지 않았고, 그 이전 세기와는 다른 차원에 놓여 있었다. 19세기 근대성 논쟁이 본질적으로 유럽 내부의 사회현상, 특히 산업화와 도시화에 연결되어 있었다면, 20세기의 근대성 논쟁은 제국주의 경쟁과 그것의 필연적 결과인 두 차례의 전쟁을 배경적 맥락으로 하고 있었다. 그런데

20세기의 논쟁에서 유럽의 근대는 지난 시기보다 한층 더 부정적이고 절망스러운 모습으로 나타났다. 유럽의 많은 지성들은 근대에서 어떠한 희망도 발견할 수 없다고 진단했다. 그와 같이 암울하고 비관적인 평가와 예견은 무엇보다 엄청난 희생을 가져온 전쟁과 나치즘으로 대표되는 반인류적 폭력에서 기인했다. 그리고 이들은 인류에게 물질적·정신적 진보를 가져다줄 것으로 믿어 온 유럽의 근대가 제국주의와 전쟁이라는 정반대의 결과를 초래했고 그것의 가장 극단적인 귀결로 나치즘이라는 야만을 만들어 냈다고 비판했다.

전쟁과 인종주의적 폭력에 기인한 반근대주의운동을 주도한 인물들에는 나치즘의 박해를 받아 오랜 시간 동안 망명객으로 살아야 했던 독일의 지성들이 있었다. 아도르노Theodor Adorno와 호르크하이머Max Horkheimer, 마르쿠제Herbert Marcuse 등 프랑크푸르트학파Frankfurt School의 사상가들이 바로 그들이었다. 그들은 세계대전과 반유대주의 폭력의 원인을 당대의 정치경제적 상황을 넘어 서구 근대를 조형한 궁극적 정신성 속에서 찾고자 했다. 그 궁극적 정신성이란 이성Reason과 합리성Rationality이다.

이성과 합리성은 인간의 특별한 정신적 능력이다. 이성적이고 합리적이라 함은 사태 내부로 들어가서 그 원리와 법칙을 관찰하는 태도를 의미한다. 여기서 중요한 것은 사태를 경험하는 것과 그 경험적 정보들을 명철한 사유 속에서 상관관계와 인과관계에 따라 파악하려는 자세다. 근대 자연과학의 문을 열어 준 지동설은 이성적이고 합리적인 사유 태도의 모범적 사례가 된다. 당시 참된 지식으로 간주된 천동설은 이성적이고 합리적인 관찰과 추론에 따른 것이 아니라 사실상 기독교의 우주 원리가 그대로 반영된 것이었다. 천동설에 반대한 근대 천문학자들은 관찰할 수 없고 추론할 수 없는 신이라는 존재를 배제한 채 오직 관찰을 통해 천체의 내부로 들어가 그렇게 획득한 정보를 수학적 명철함과 엄밀함으로 추론하는 방식을 따랐다. 그들은 그렇게 얻은 결과만이 참된 지식이라고 믿었다.

유럽의 근대는 이성과 합리성의 원리 위에 축조된 시대, 그 원리로 자연과 인간과 사회를 완벽하게 이해할 수 있다고 믿은 시대, 그 두 힘으로 가장 소망스럽고 이상적인 제도와 사회와 국가를 만드는 자신감에 찬 시대였다. 그러한 믿음과 자기신뢰의 확산을 주도한 인물들이 유럽의 계몽주의 사상가들이었다. 모든 인간은 이성적·합리적 사유의 능력을 지니고 있으며 교육을 통해 인간의 이성적 잠재력을 꽃피울 수 있다고 그들은 생각했다. 그러한 사유는 프랑스에서 『백과전서*Encyclopédie*』로 대표되는 방대한 지적 운동으로 체현되었다. 한마디로 『백과전서』는 인간의 정신을 밝은 빛으로 인도하는, 세상의 모든 지식을 담은 책이었다.

프랑크푸르트학파가 20세기 폭력과 야만의 궁극적 원인으로 지목한 것 또한 이성과 합리성이다. 이성과 합리성은 모든 것을 의심하라고, 명철함으로 이해되기 전까지는 어떠한 것도 참된 지식으로 간주해서는 안 된다고 명령한다. 그 점에서 이성과 합리성은 진리에 대한 열망에 의해 참된 것을 찾아가는 힘이 되어 왔지만 역설적이게도 거기서 폭력의 가능성을 발견한다. 말하자면, 이성과 합리성이 진리의 절대적 기준이 됨으로써 비이성과 비합리적인 것들을 진리의 반대편에 놓고 저급하거나 무가치한 대상으로 간주해 왔다는 말이다. 프랑크푸르크학파의 지성들은 이성과 합리성의 배타적이고 폭력적인 진리에의 의지, 모든 것을 그 원리 안으로 끌어들이려는 동일화의 열망이 20세기 제국주의 전쟁 그리고 인종주의적 야만을 만들어 낸 원초적 힘이라고 진단했다.

프랑크푸르트학파의 비판적 사유는 유럽의 지성계에 넓고 깊은 영향을 미쳤다. 1950-1960년대 유럽의 철학자들은 유럽의 근대를 이끈 원리로서 이성과 합리성이 (계몽주의의 믿음이 제시하는 것처럼) 유럽 사회에 발전과 진보와 이상을 가져다주었는지를 비판적으로 바라보았다. 대표적으로 프랑스 구조주의가 보여 주고 있듯이 반이성주의 철학자들은 이성적 인간관을 거부하고, 합리성이 보편적 진리를 발견하는 힘이라는 믿음을 받아들이지 않았다. 그들은 인간이 모든 것의 주체라는 계몽주의적 사고의 비현실성을 고발하고, 이성과 합리성 속에서 진리의 힘이 아닌 폭력의 논리를 보았다. 말하자면, 이성과 합리성이란 자신의 내적 원리 바깥에 있는 것들의 고유한 가치를 인정하지 않고 그것들을 자기 안으로 끌어들이려는, 즉 동일화를 열망하는, 역으로 말하면 차이를 인정하지 않는 폭력으로 바라보았다.

탈근대주의, 반근대주의, 해체주의와 같은 용어들 속에서 근대와, 근대의 원리로서 이성과 합리성은 철저히 부정되었다. 진리와 구원의 가능성은 이성과 합리성의 반대편에 자리하는 것이라는 믿음이 설득력을 얻고 있는 상황이었다.

하지만 그러한 사유운동의 흐름에 맞서 이성과 합리성에 내재된 해방과 구원의 잠재력을 포기해서는 안 된다는 목소리가 있었으니, 그 대표적 지성이 바로 우리가 살펴볼 하버마스Jürgen Habermas, 1929- 다. 하버마스는 서구 근대의 문을 열어 준 이성과 합리성을 부정적으로만 바라보는 것이 타당한지를 물었다. 그는 근대 이성과 합리성이 인류사의 진보와 발전에 큰 영향을 미친 원리이자 동력이었다는 사실에 주목해야 한다고 생각했다. 앞서 살펴본 것처럼, 근대의 서유럽이 이성과 합리성의 원리 아래에서 발명해 낸 보편적 가치들인 인권, 자유, 평등, 관용 등은 여전히 인류가 야만상태로 타락하는 것을 막아 내는 보루가 되고 있음을 부정할 수 없다고 보면, 하버마스의 주장은 중요한 설득력을 얻는다. 하버마스는 근대를 '미완의 프로젝트'라고 말하면서 근대 서유럽이 정초한 이성과 합리성의 해방적 잠재력을 현대사회의 모순과 갈등을 풀어내는 데도 적용해야 한다고 역설하고 있다. 그 점에서 우리는 하버마스를 반이성주의자에 맞선 이성주의자로 부를 수 있다. 그는 근대 이성과 합리성의 긍정적 힘을 신뢰하는 철학자다.

우리는 이러한 문제 지평 속에서 하버마스의 저작 『공론장의 구조변동: 부르주아 사회의 한 범주에 관한 연구 *Strukturwandel der Öffentlichkeit: Untersuchungen zu einer Kategorie der bürgerlichen Gesellschaft*』(1961)를 살펴보려 한다. 교수자격청구 논문으로 쓰인 이 책은 본질적으로, 서유럽의 근대가 형성되는 시기에서 근대 이성과 합리성이 민주주의의 실천에 얼마나 중대한 정치적 역할을 수행했는지를 18세기 서유럽, 특히 영국, 프랑스, 독일의 역사적 사례 속에서 넓고 깊게 논증하고 있다. 이 책에서 가장 중요한 개념은 책의 제목이 말해주듯이 '공론장public sphere'이다. 공론장이란 공적 의견으로서 여론이 형성되는 장소를 의미하며, 그곳에 참여하는 사람들은 공히 이성적 사유와 토론의 능력을 지니고, 자유롭고 평등한 조건 속에서 공개성publicness의 원칙을 따라 의견을 표출하고 토론을 수행한다. 그곳에서 미리 확립된 진리란 존재하지 않는다. 진리는 합리적 토론의 결과로서 만들어지는 것이라고 하버마스는 역설한다.

공론장에서는 모든 사회적 문제들이 합리적인 사유와 의심을 피해 나갈 수 없다. 그 합리성의 그물을 통과한 것만이 진리의 가능성을 확보한다. 그 범주에는 정치권력도 포함된다. 18세기 서유럽의 공론장은 군주권력의 존재이유와 정당성을 합리적 의심의 대상으로 삼았다. 권력의 정당성은 근거가 불명확한 신화화된 믿음 위에서가 아니라 이성적이고 합리적인 성찰과 비판의 과정을 거침으로써만 확보되는 것이라는 민주주의적 원리가 공론장에서 구축되었다. 그러한 성찰과 비판을 통해 주조된 집단적 의견을 우리는 여론public opinion이라고 말한다.

그 점에서 여론은 권력의 권위주의와 기성질서에 맞서는 민주주의의 동력으로 등장한다. 하버마스는 근대 이성과 합리성이 서유럽의 공론장에서 작동하는 민주주의 원리를 탄생시켰음을 논증하고 있다. 18세기 서유럽 공론장에 대한 하버마스의 역사학적·사회학적·철학적 분석은 궁극적으로, 근대 이성과 합리성이 자유와 평등 그리고 민주주의를 견인하는 데 역사적으로 결정적인 역할을 수행했음을 설득력 있게 이야기하고 있다.

하버마스는 자신의 이성주의 사회철학을 변호하기 위해 자신의 스승들, 특히 호르크하이머, 아도르노와 싸웠고, 프랑스의 반이성주의자들, 특히 푸코Michel Foucault와도 대립했다. 근대 이성과 합리성의 폭력성을 고발하고 있는 스승들과 프랑스 반근대주의자들에 맞서 하버마스는 이성과 합리성의 다른 면을 보라고 역설했다. 그는 반이성주의 철학에서는 해방과 민주주의의 어떠한 가능성도 찾을 수 없다고 비판했다. 나아가 하버마스는 18세기 근대 이성과 합리성이 공론장을 통해 실천한 민주주의 기획은 20세기 현대사회의 정치사회적 위기를 해결하는 데도 중요한 원리가 될 수 있다고 주장했다. 『공론장의 구조변동』은 19세기 후반부터 시작된 유럽 민주주의의 위기를 살펴보는 것으로 끝나고 있지만 이후의 저작인 『의사소통행위이론』에서 18세기 공론장 모델의 사회학적·언어학적 재구조화를 통해 민주주의 위기 극복을 위한 매력적인 패러다임을 제시하고 있다.

2장
유럽의 지성, 근대 이성의
모순과 폭력을 고발하다

1919년 제1차 세계대전이 끝난 뒤 연합국들은 독일에 가혹한 전쟁 책임을 물었다. 독일은 2만 5천 평방 마일의 영토를 빼앗겼고, 병력을 10만 명 이하로 축소해야 했으며, 공군 보유를 금지당했다. 또한 전쟁 배상금으로 330억 달러를 지불해야 했는데 전후 독일의 상황을 고려했을 때 배상하기 불가능한 액수였다. 결국 지불 불이행으로 인해 독일은 프랑스 군의 진주와 점령이라는 수모를 겪어야 했다. 1870년 보불 전쟁에서 승리한 프로이센이 프랑스에 진주한 역사의 필름이 거꾸로 돌아간 것이다.

가혹한 전쟁 책임 요구는 국제사회에 대한 독일인들의 불만을 야기했다. 또한 내부적으로 독일은 상상을 초월하는 인플레이션을 감당해야 했다. 바이마르 공화국은 대내외적 위기를 돌파할 주체로 히틀러가 이끄는 나치당을 선택했고 1933년 1월 히틀러가 수상으로 임명되었다. 나치당은 그해 3월 총선에서 43.9%의 지지를 얻어 의회권력을 장악하고 급기야 수권법을 통과시켜 나치 일당 독재체제를 수립했다. 그해 10월 독일은 국제연맹을 탈퇴함으로써 베르사유체제에 대한 전면적 부정을 선언했다. 나치당은 독일인들의 내적 단결과 통합을 위해, 그리고 다가올 전쟁을 위한 적대 심리의 형성을 위해 유대인을 적으로 만들고, '뉘른베르크 법'을 필두로 일련의 법과 제도, 무력을 동원해 그들을 탄압하고 추방했다.

히틀러가 수상이 되기 10년 전인 1923년, 프랑크푸르트 대학에 '사회연구소'가 설립되었다. 대부호의 아들 바일Felix Weil의 기금 출연이 결정적인 기여를 했는데, 바일은 자신과 친교를 맺고 있던 호르크하이머를 연구원으로 초빙했다. 1929년 초대 소장인 그륀베르크가 건강상의 이유로 자리에서 물러나게 되자 이듬해 호르크하이머가 그 자리를 이어받았다. 호르크하이머는 연구소의 지향을 마르크스주의 이론의 경험적 공고화에서 사회에 대한 총체적이고 규범적인 사유를 본질로 하는 '비판이론critical theory' 분야로 옮겨 놓으려 했고, 그러한 필요에서 마르쿠제와 아도르노를 영입했다.

하지만 사회연구소와 연구원들의 운명은 1930년대 초반, 나치가 정치적 패권을 잡으면서 형극의 길로 접어든다. 1933년 사회연구소의 문은 닫혔고 연구원들은 탄압을 피해 미국으로 망명했다. 아도르노, 호르크하이머, 마르쿠제 등 연구소의 주도적 인물들은 모두 유대인들이었다. 다행히 미국 학계의 배려로 사회연구소는 활동을 재개할 수 있었는데, 연구소는 무엇보다 나치즘의 기원과 원리를 규명하는 데 전력을 기울였다. 자신들의 운명을 결정한 정치적 병리현상을 분석하고 그 본질을 파악하려는 것은 너무나도 당연해 보인다. 호르크하이머와 아도르노가 미국 망명 생활의 후반기에 속하는 1947년에 출간한 『계몽의 변증법 *Dialektik der Aufklärung*』, 호르크하이머가 같은 해 단독으로 집필

한 『이성의 몰락*Eclipse of Reason*』―이 책은 1967년에 『도구적 이성 비판*Zur Kritik der instrumentellen Vernunft*』이란 제목으로 독일에서 출간되었다― 은 개인적 고통을 가져온 시대적 병리현상에 대한 깊은 철학적 성찰의 결과물이다.

『계몽의 변증법』 저술 구상은 아도르노가 호르크하이머의 제안을 받아들여 1938년부터 시작되었는데, 책의 서문에서 두 사람은 자신들의 문제의식을 명확히 했다. 그들은 "우리가 이 과제에 착수하면서 염두에 둔 것은 왜 인류는 진정한 인간적 상태에 들어서기보다 새로운 종류의 야만상태에 빠졌는가라는 인식이었다"라고 말했다. 그들이 이야기하는 현대적 야만은 두말할 나위 없이 자신들과 온 유럽을 비극의 나락으로 떨어뜨린 나치즘이다. 하지만 그들은 나치즘의 야만성이 20세기 독일에서 우연히 태동한 것이라고 생각하지 않았다. 그들은 그 폭력이 초래될 수밖에 없었던 서구문명의 정신사적 특수성을 보고자 했는데, 그 질문에 대한 답은 '계몽啓蒙, Enlightenment'이었다. 그 점에서 책이 서구의 계몽정신에 대한 비판적인 논조로 시작하는 것은 결코 우연이 아니다. 문제의 본질로서 계몽은 역설적으로 진보의 가능성과 함께 퇴보와 파괴의 씨앗을 품고 있다고 그들은 말했다. 그들은 "이 계몽 개념 자체가 오늘날 도처에서 일어나고 있는 저 퇴보의 싹을 함유하고 있다는 것 또한 분명히 인식하고 있다고 믿는다"라고 단언했다. 그들에 따르면 계몽은 두 가지의 본질적 목표를 설정하고 있었다. 공포로부터 인간을 해방하고, 나아가 그 인간을 모든 것의 주인으로 세운다는 것이다. 계몽은 그것을 진보라고 불렀으나, 그처럼 인간 해방과 주체화의 과정은 궁극적으로 이 세계에 재앙을 초래했다는 것이 아도르노와 호르크하이머의 진단이다.

프랑스 철학자 골드만Lucien Goldmann은 자신의 저서 『계몽주의 철학The Philosophy of Enlightenment』(1973)을 '계몽주의 구조'에 관한 논의에서 시작하는데, 그가 처음으로 다루는 대상이 프랑스 백과전서파와 독일의 칸트Immanuel Kant다. 프랑스 백과전서파는 인간을 이성적 존재로 이해하고, 진리란 자기 고유의 이성적 능력에 의해 파악되는 것이라고 생각했다. 그들의 공동 작업으로 탄생한 『백과전서』는, 앞서 언급한 것처럼, 인간을 무지몽매에서 벗어나게 하고 합리적이고 이성적인 존재로 재창조한다는 근대적 이상의 궁극적 반영이었다. 그 점에서 칸트 또한 다르지 않다. 칸트는 계몽주의의 임무가 자신의 이성을 사용하지 못하는 상태인 정신적 미성숙으로부터 인간을 해방하는 데 있다고 보았다. 이성을 스스로 사용할 수 있는 성숙한 존재로 만들어 인간을 진리 인식의 궁극적 주체로 거듭나게 하는 것이다.

이와 같은 계몽주의적 이성의 궁극적 대척점에는 정치적 권력과 종교적 권위가 자리하고 있었다. 계몽주의는 정치와 종교의 기성질서가 인간 이성의 활동을 억압해 왔고, 관습과 믿음이 만들어 낸 진리를 합리적 의심의 심판대 위에 세우는 것을 금지해 왔다고 공격했다. 골드만의 계몽주의 이해에 비추어 볼 때, 계몽은 절대군주 시대에서 정치적 근대로 넘어가는 18세기의 시간 속에서 태동하고 실천적 힘을 발휘했다. 18세기 서유럽의 정치적 시간과 계몽을 연결하는 시각은 역사와 사상사의 차원에서 크게 논쟁의 여지가 없다.

아도르노와 호르크하이머의 계몽 이해 또한 그와 같은 역사적·정치적 시기에 연결되어 있다. 그들이 영국 철학자 베이컨Francis Bacon의 철학에 담긴 계몽의 이야기로 논의를 시작하고 있다는 점에서 잘 알 수 있다. 주지하는 것처럼, 베이컨은 중세의 기독교적 지식 원리를 거부하고 경험과 관찰만이 참된 지식의 근거가 될 수 있다고 주장한 근대적 철학자였다. 그의 사상은 영국 경험론의 모태가 되었고 나아가 유럽 대륙에서 계몽주의가 꽃피는 데 중대한 역할을 했다.

베이컨의 지식론에 대한 두 저자의 비판은 계몽에 관한 그들의 생각을 잘 보여 준다. 그들은 "인간의 우월성은 의심할 여지없이 '지식'에 있는 것"이고 "우리는 실제로 자연 위에 군림할 수 있을지도 모른다"는 베이컨의 주장을 언급하면서 그 지식 속에서 폭력을 감지하다. 베이컨은 "자연 위에 군림할 수 있을지도 모른다"는 예견에 앞서 "우리는 말로만 자연을 지배할 뿐 자연의 강압 밑에서 신음하고 있다"고 말했는데, 그렇게 보면 베이컨에게서 자연은 인간에게 적대적인 대상으로 등장한다. 그리고 그는 인간에 대한 자연의 억압과 지배로부터 벗어날 수 있는 길을 지식에서 찾는다. 그러므로 지식은 힘인데, 무엇보다 그 힘은 인간과 자연의 새로운 관계, 즉 자연을 인간의 발아래 놓을 수 있는 권력이다.

하지만 자연을 지배하는 힘으로 성립한 지식의 욕망이 자연을 넘어 인간을 향하는 것이 더 심각한 문제다. 베이컨의 지식관에 대한 논의의 끝에서 아도르노와 호르크하이머는 "인간이 자연으로부터 배우고 싶어 하는 것은 자연과 인간을 완전히 지배하기 위해 자연을 이용하는 법이다"라고 말했다.

17세기 근대 자연과학이 수리학적 원리로 자연과 우주의 법칙을 알아냈다고 생각하기 전, 자연과 우주는 초월적 신비 또는 신적 절대성으로 채워진 곳으로 이해되었다. 그곳은 인간의 지식으로 파악할 실체가 될 수 없었다. 하지만 근대 자연과학은 자연과 우주의 내적 움직임을 간결한 수학적 등식으로 정리하면서 그곳의 신비와 비밀을 알아냈다고 선언했다. 자연과 우주는 몇몇 운동 법칙에 따라 작동하는 기계와 같은 존재로 환원되기에 이른다. 경험, 관찰, 추론 등의 지적 과정은 자연과 우주를 인간의 과학적 언어로 전환하였고, 그것들을 과학적 앎의 영역 안으로 끌어들이는 결과를 가져왔다. 그것이 계몽의 지적 욕망이다. 모든 것을 이성과 합리성의 원리 안으로 끌어들이려는 환원주의적 욕망이다.

하지만 바로 그 지점에서 계몽은 폭력의 주체가 된다. 먼저, 계몽은 이성과 합리성의 이름으로 모든 존재를 숫자와 등식의 원리로 환원하고 통일하려 한다는 점에서 폭력적이다. 존재하는 것들의 질적 특수성과 다양성이 그 과정에서 사라지기 때문이다. 또한 계몽은 그러한 원리 안으로 들어오지 못하는 존재, 또는 들어오기 전까지의 존재를 무의미한 것으로, 무가치한 것으로 간주해 버린다는 점에서 폭력적이다. 아도르노와 호르크하이머는 "계몽은 통일적으로 파악할 수 없는 것을 아예 존재나 사건으로 인정하지 않는다"고, "숫자로 환원될 수 없는 것, 나아가 결국에는 '하나'로 될 수 없는 것을 가상으로 여긴다"고 말했다. 궁극적으로 "계몽의 이상은 세부에 이르기까지 모든 것을 도출해 낼수 있는 '체계'다".

잘 알려진 것처럼, 베버는 서양사회가 근대로 나아가는 과정을 '합리화rationalization'로 개념화했다. 베버에 따르면 "합리화는 양화될 수 없는 신비한 힘들에 의존하지 않고 모든 것을 계산법을 통해 다룬다는 사실을 뜻"하는데, 그는 합리화가 전진하는 세계일수록 마술적 사고나 행위 등의 가능성이 줄어들 것으로 생각했다. 한마디로 탈마법화를 의미하는 이 합리화 속에서는 주술적 언어가 아니라 기술적 언어나 계산법이 지배적으로 기능한다. 서구 근대의 본질을 특징짓는 이 합리화는 베버의 행위이론으로 설명하면 '목적 합리적 행위'가 일반적 양식이 되어 가는 것을 뜻한다. 베버는 『경제와 사회 1』에서 행위를 목적 합리적 행위, 가치 합리적 행위, 감성적 행위, 전통적 행위로 유형화했는데, 목적 합리적 행위는 일정한 목적을 달성하는 데 필요한 수단의 효율성을 기준으로 삼는 행위다. 가치 합리적 행위가 목적의 가치론적 혹은 규범적 정당성 유무를 가장 중요한 고려 대상으로 삼는 것과는 달리, 목적 합리적 행위는 목적 달성의 수단과 도구의 효과 그리고 능률성을 가장 중요하게 고려한다.

　베버가 말한 목적 합리적 행위의 합리성은 호르크하이머가 『도구적 이성 비판』에서 설명한 '주관적 이성'과 일치한다. 호르크하이머는 이성을 객관적 이성과 주관적 이성으로 나누었다. 객관적 이성이 총체적인 구조와 질서 속에서 인간 삶이 지향하는 목적의 타당성과 정당성을 가치와 규범에 따라 인식하고 판단하는 힘 —이는 베버의 가치 합리적 행위에 연결된다— 이라면 주관적 이성은 "목표 그 자체가 이성적인가라는 질문에 대해서는 의미를 부여하지 않고", "소위 자명한 것으로 이해되는 목표에 도달하기 위한 절차적 방법의 적합성에 관련된 것이다". 호르크하이머에 따르면 이성은 본래 객관적 측면과 주관적 측면을 함께 지니고 있었는데, 근대로 진입하는 역사적 단계 속에서 주관적 이성이 객관적 이성을 압도하는 현상, 즉 '이성의 형식화'가 발생했다. 주관적 이성이 지배하는 이성의 형식화 속에서는 어떠한 행위와 사회가 윤리적이고 도덕적이고 규범적인 차원에서 정당한가를 질문하는 일보다는 어떠한 과정과 절차와 수단이 가장 효율적이고 효과적이며 생산적인가를 고려하는 일이 더 중요한 문제로 부상하게 된다.

　베버와 아도르노와 호르크하이머가 사유한, 서구 근대의 원리를 설명하기 위한 개념으로서의 계몽과 합리화와 주관적 이성은 스스로의 한계를 모른다. "외부로부터의 억압이나 간섭이 없다면 계몽은 중단 없이 발전할 것이다"라는 아도르노와 호르크하이머의 주장은 그와 같은 문제의식이 투영된 것이었다. 계몽의 원리로서 합리화와 주관적 이성에게는 자연이든 인간이든 사회든, 그 무엇이든 효율적이고 논리적이며 유용한 것으로 전환되어야 할 당위적 대상이다. "계산 가능성과 유용성의 척도에 들어맞지 않는 것은 계몽에게는 의심스러운 것으로 여겨"지기 때문이다.

계몽과 주관적 이성에 내재하는 무한한 지배를 향한 욕망은 서구 근대의 진단에서 프랑크푸르트학파와 궤를 같이하는 프랑스 문명비평가 엘륄Jacques Ellul의 기술technology 개념에서도 관찰할 수 있다. 엘륄에게서 기술은 "모든 인간 행위영역에서 절대적 효율성을 통해 합리적으로 도달한 방법들의 총체"로 정의된다. 여기서 주목해야 하는 사실은 기술의 폭력성인데, 기술은 자신의 원리인 효율성과 합리성을 '모든 영역'에 투사하려 하기 때문이다. 그리하여 엘륄은 인간적 필요를 위해 자연을 가공하고 개발하는 과정만이 아니라 인간과 인간 사이의 관계를 규정하는 문화와 윤리, 정치적 과정에서 합리와 효율의 원리가 관철되는 미래를 예측하고, 그러한 모습을 '기술사회technological society', '기술체계

technological system' 등으로 명명했다.

계몽은 신비스러운 것과 비밀스러운 것, 말하자면 합리적 원리로 이해되지 못하는 것을 인정하려 하지 않는다. 호르크하이머와 아도르노가 '신화'로 명명하는 비합리적 영역을 계몽은 이성적으로 해독되고 정돈되기를 기다리는 미지의 영역으로 간주한다. 호르크하이머와 아도르노가 계몽의 뿌리를 근대를 한참 넘어 고대 그리스의 사유 속에서 발견하고 있는 이유를 이러한 맥락에서 이해할 수 있다. 이들은 우주의 구성 원리를 흙, 물, 불, 바람, 원자, 에테르 등으로 본 고대 그리스의 물활론 철학을 세상의 다양하고 다의적인 존재들을 몇 개의 원리로 환원하는 지식체계의 초기적 양상으로 보았다. 더욱이 플라톤의 이데아론은 그와 같은 환원론적 지식의 논리를 뚜렷하게 보여 주었다. "마침내 플라톤의 '이데아Idea' 속에서 올림포스의 가부장적인 신들마저 철학적인 로고스에 의해 파악된다." 두 독일 철학자는 호메로스Homeros가 『오디세이아Odysseia』에서 노래한 영웅 오디세우스Odysseus의 모험과 귀환 과정이야말로 신화와 계몽의 긴장과 대립, 그리고 계몽의 이념에 의한 신화의 정복이 어떻게 전개되는지를 잘 보여 주는 이야기라고 주장한다. 유혹의 소리, 마법의 음식, 야만의 힘, 본능의 욕정에 부딪히지만 종국에는 모든 적들을 물리치고 귀환하는 오디세우스의 모험은 "주체가 신화적 힘들로부터 도망쳐 나오는 도정의 묘사"이며, "신화적 힘들을 무력화하는" 과정이다. 또한 "선사세계로부터의 탈출"을 상징한다.

무질서와 혼돈을 인내하지 못하는, 사물을 언제나 질서와 체계 속으로 끌어들이려는 거대한 욕망으로서 계몽은 본질적으로 '동일성'을 향한 의지다. 그리고 그 의지는 폭력적이다. 호르크하이머와 아도르노가 말하는 '이디오진크라지Idiosynkrasie'는 모든 것을 같게 만들려는 욕망의 폭력을 표현하고 있다. '특수한 것'에 대해 본능적인 거부로 대응하면서 그것을 강제적으로 끌어들이려 하기 때문이다.

사회의 목적 연관 속에 끼워 넣어질 수 있는 보편자는 자연스러운 것으로 간주된다. 개념적 질서 속에 집어넣음으로써 합목적적인 것으로 정화될 수 없는 자연, 예를 들어 석판 위에서 조각칼이 내는 날카로운 소리, 배설물이나 부식물을 연상시키는 퇴폐적 취미, 근면한 일꾼의 이마에 돋아 있는 땀방울 같은 것, 즉 시대의 흐름에 뒤처진 것이나 수세기 동안의 진보가 축적한 명령들에 해를 입히는 것들은 인간의 깊은 곳으로 파고들면서 작용하기 때문에 어쩔 수 없는 혐오감을 불러일으킨다.

아도르노와 호르크하이머는 반유태주의와 파시즘에서 동일성을 향한 폭력적 욕망의 적나라한 역사적 사례를 관찰하고 체험했다. 앞서 살펴본 것처럼, 그 두 역사적 비극으로 유럽은 광란의 대결과 전쟁의 소용돌이로 빨려 들어가야 했다. 망명생활 속에서 유럽의 광기를 깊이 반성하고 성찰한 프랑크푸르트학파 지식인들의 문제 지평, 즉 '유럽의 근대가 자랑스럽게 내세운 이성과 합리성은 지배를 향한 폭력적 욕망의 다른 이름이 아닐까'라는 질문은 유럽의 지성계가 함께 풀어내야 할 중대한 시대적 화두가 되었다.

프랑스는 가장 급진적인 방식으로 그 문제에 대한 답을 찾으려 했던 나라다. 구조주의structuralism, 해체주의deconstructivism와 같은 철학적 흐름들은 유럽의 근대정신이 신뢰해 마지않았던 합리적이고 이성적인 주체라는 믿음의 토대를 근본에서부터 뒤흔들었다. 근대가 주창한 이성적 주체는 고작해야 구조로 불리는 거대한 외적인 힘의 영향력과 지배 아래에서 행위할 뿐인 존재로 추락해 버렸다. 주체란 구조의 논리를 따라 행동하는 대리자agent일 뿐이라는 조소 속에서 자율적인 사유능력과 판단능력으로 이상적 세계를 만들고자 하였던 근대적 주체subject의 희망은 사라져 버렸다.

근대적 주체와 그 주체가 만드는 이성적 진리를 부정하는 프랑스 철학의 중심에는 푸코가 있었는데, 근대 이성과 합리성의 모순과 폭력성을 역사학의 토대 위에서 치밀하게 관찰하고 고발하는 것에 온 힘을 기울였다는 면에서 푸코는 아도르노와 호르크하이머의 문제의식에 잇닿아 있는 인물로 이해될 수 있다. 그의 박사학위 논문인 「광기와 정신착란: 고전시대 광기의 역사」는 유럽의 광기와 광인의 존재와 그와 함께 인식되어 온 불연속의 역사를 추적함으로써 서구 근대 문명의 원리인 이성과 합리성이 비이성적이고 비합리적인 존재들에 대해 얼마나 폭력적이었는가를 밝히고 있다.

근대 계몽주의는 전근대에서 '미친 사람들(광인)'에 대한 신체적 폭력과 감금의 악습을 자유와 인권의 이름으로 비판하고 종국에는 그것을 해체해 버렸다. "광기의 문제는 더 이상 이성이나 질서의 관점에서가 아니라 자유로운 개인의 권리라는 관점에서 관찰되었고, 어떤 강제권이나 자선도 개인의 자유와 권리를 잠식할 수 없었다." 결과적으로 근대는 미친 사람들을 물리적 통제와 억압으로부터 해방한 것처럼 보였다. 하지만 푸코가 이해할 때 근대 이성과 합리성은 과거와는 매우 다른 지배와 폭력의 기제를 창출했는데, 그것은 과학적 '지식'에 토대를 둔 폭력이었다. 근대 이성과 합리성은 인간에 대한 다양한 지적 탐구 속에서 정신의학에 관한 학문들을 만들어 냈고, 그것은 '정신병원'이라는 새로운 폭력적 제도의 탄생으로 이어졌다.

푸코가 분석하고 있는 영국과 프랑스의 두 정신병원, 튜크W. Tuke와 피넬P. Pinel의 정신병원은 과거와는 근본적으로 다른 원리를 따랐다. 말하자면, 그 정신병원에서는 광인에 대한 무차별적 폭력이 사라졌고 그들의 신체는 존중되었다. 하지만 그 근대적 공간에는 거대한 윤리적·도덕적 이분법이 자리한다. 그것은 정상성과 비정상성, 이성과 실성에 기반을 둔 이분법이고, 여기서 광인은 이성을 상실한 비정상적인 존재로 규정된다. 광인은 이 정신병원에서 자기의 비정상성과 실성을 인정해야 하고, 자신이 이성적이지 못한 존재라는 결여의식에 사로잡힌다. 정상적이고 이성적인 존재로서 의사의 도덕적 훈육이 가해진 광인은 죄의식의 굴레를 쓴다. 정신병원에서 가공할 물리적 폭력은 사라졌지만 윤리와 도덕의 내면화에 따르는 새로운 폭력의 논리가 작동한다.

3장

『공론장의 구조변동』의 탄생
– 근대 이성을 다시 생각하다

하버마스는 1929년 6월 18일 독일 중서부 지방의 뒤셀도르프 시에서 태어나 쾰른 근처 굼머스바흐Gummersbach라는 소도시에서 유소년기를 보냈다. 하버마스의 할아버지는 목사였고, 아버지는 쾰른 상공회의소 소장으로 근무했다. 하버마스는 보수적인 정치 분위기의 가정에서 성장한 것으로 알려져 있다. 그는 1949년 괴팅겐 대학에서 철학을 공부한 뒤 1950-1951년 스위스의 취리히 대학, 1951-1954년 본 대학에서 철학, 역사학, 심리학, 독문학, 경제학 등 인문사회과학을 두루 공부했다.

그가 대학생활을 보낸 시간들은 정치적, 그리고 사회윤

리적으로 대단히 민감한 시기였다. 독일에서 제2차 세계 대전의 진실을 찾고 전쟁 책임자를 판결하는 뉘른베르크 Nürnberg 전범재판이 열리고 나치의 반인륜적 행위에 대한 집단적 인식과 자기비판이 진행되던 때였다. 이러한 반성의 흐름 속에서 하버마스는 점차 진보적 정신의 토대를 만들어 나갔다. 그러나 청년 하버마스의 진보적 정신성은 그의 학문과는 일정한 거리를 두고 있었는데, 본 대학에서 1954년에 통과된 그의 철학박사학위 논문인 「절대자와 역사, 셸링적 사유의 이중성」이 그 점을 잘 보여 주고 있다. 젊은 철학자로서 하버마스는 철학이란 정치적 의식 저 너머에서 보편적이고 초월적인 진리의 영역을 다루는 학문이라는 독일 관념론의 전통을 굳게 믿고 있었다.

이러한 개인사적 배경 속에서 우리는 1953년 여름의 하버마스를 주목해야 할 필요가 있다. 그는 동료 아펠에게서 하이데거 Martin Heidegger 의 『형이상학 서설』을 받고 큰 충격에 빠졌다. 그것은 하이데거의 1935년 강의를 묶은 책으로, 하버마스로서는 독일의 저명한 철학자가 당대의 정치적 현실에 대해 어떠한 성찰이나 반성도 없이 강의 내용을 공개했다는 사실을 받아들일 수 없었다. 하버마스는 그 책을 국가주의 정신, 집단적 충성심 등 나치즘의 가치를 옹호하고 복원하려는 의지의 표출로 읽었다. "하이데거와 함께 하이데거를 비판적으로 성찰하기"라는 기고문을 〈프랑크푸르트 알게마이네 차이퉁Frankfurter Allgemeine Zeitung〉에 실으면서 하버마스는 당대 가장 영향력 있는 철학자의 정치의식을 비판했다. 이러한 계기 속에서 그는 하이데거를 포함해 슈미트, 융거, 겔렌 등 전통 독일 철학의 유산을 계승하였다고 평가받는 철학자들을 비판적으로 사고하기 시작했다. 하버마스의 해석에 따르면 이들은 대중적 적대성 위에서 절대자, 선민, 비범한 인물을 찬미하고 대화, 평등, 자율적 결정과 같은 민주적 가치들을 거부했으며 일방적 명령, 권력에 대한 침묵과 복종 등 비민주적 가치들을 향해 맹신을 보낸 인물들이었다.

이러한 진지한 성찰에 힘입어 보수주의 철학자 하버마스는 진보주의 철학자로 다시 태어난다. 박사학위를 받은 후 저널리스트로 활동하던 하버마스가 진보적 지성으로 성장하고 자신의 철학적 지향을 정치적 실천과 결합함으로써 이른바 '비판이론'의 계승자로 자리매김하게 되는 데에는 프랑크푸르트학파 창시자들의 영향력이 결정적이었다. 그는 프랑크푸르트 대학 사회연구소에서 호르크하이머의 조교로 일하면서 비판이론의 지적 세계를 넓고 깊게 사유했다.

비판이론에서 철학은 '억압의 상황에 놓여 있는 인간의 해방'이라는 실천적 과제를 수행하는 학문이어야 한다. 철학은 인간의 비자유와 종속의 근본 원인을 성찰하고 그러한 조건을 윤리적으로 비판하면서 해방을 모색하는 규범적이고 실천적인 지식이어야 한다. 철학이 중립성과 객관성의 논리 아래에서 세계를 설명하려는 실증주의적 학문일 수는 없는 것이다. 그 점에서 철학은 사회철학이어야 한다. 미국 망명 기간 동안 아도르노가 사회학자 라자스펠트Paul Lazarsfeld와의 학문적 협력을 더 이상 지속할 수 없었던 궁극적 이유는 학문의 규범성과 실천성에 관한 의견 차이 때문이었다.

실천의 학문으로서 비판이론은 마르크스 철학의 해방적 관심에 뿌리를 내리고 있지만 물질적·경제적 모순의 극복을 통해 해방을 달성할 수 있다는 마르크스주의의 진단에는 동의하지 않았다. 비판이론은 프로이트를 따라, 인간억압의 원인을 집단 무의식이라는 정신분석 원리에서 찾으려 했다. 앞서 살펴본 『계몽의 변증법』과 『도구적 이성 비판』은 비판이론의 철학세계를 인식할 수 있는 대표적 저술이다. 비판이론은 인간억압의 극단적 현상으로서 나치즘을 당대의 사회경제적·정치적 조건 속에서만 이해하려 하지 않고 서구 문명과 그 문명의 정신사적 토대로 확장해서 성찰하고 비판하려 했다. 이성과 합리성이야말로 서구 문명의 무의식적 뿌리였고, 서구세계의 집단 무의식에 깊이 각인된 그 독특한 정신성을 비판적으로 사유함으로써만 인간해방을 향한 문을 열 수 있다고 그들은 믿었다.

하버마스는 프랑크푸르트학파 2세대로 불릴 만큼 비판이론의 지적 자양분 위에서 자랐다. 그의 사회철학에는 비판이론의 해방적 관심이 뿌리 깊게 박혀 있다. 하지만 여기서 우리가 하버마스를 프랑크푸르트학파 '2세대'로 부르는 데에는 단순히 그가 1세대의 철학적 이념을 계승했다는 의미 외에 다른 의미가 있음을 생각할 필요가 있다. 하버마스는 호르크하이머와 아도르노의 철학적 토대 위에 자신의 지식세계를 세웠지만 문제 지평에서는 그들과 중대한 차이를 보이고 있기 때문이다.

하버마스는 사회연구소에서 연구를 하면서 자신의 교수 자격 논문 작성에 매진했다. 논문 지도는 호르크하이머가 담당했는데, 지도교수는 제자의 논문이 수정되어야 할 필요가 있다고 판단했다. 하지만 하버마스는 스승의 제안을 거절했다. 두 사람 사이에 치유하기 힘든 갈등이 발생한 것이고, 결국 하버마스는 프랑크푸르트 대학을 떠나 마르부르크 대학으로 옮겨 정치학자 아벤트로트Wolfgang Abendroth를 지도교수로 자신의 논문을 완성했다. 1961년에 통과된 그 논문이 우리가 집중적으로 살펴보게 될 대표 저작 『공론장의 구조변동』이다.

주어캄프Suhrkamp 출판사에서 이듬해에 출간된 『공론장의 구조변동』은 서구 문명, 특히 호르크하이머와 아도르노가 그 지배의 무의식적 욕망 때문에 의심의 눈초리로 살펴보았던 계몽의 의지가 보편적으로 실천되었던 서구 근대에 대해 '이중적 자세'를 취하고 있다. 하버마스는 19세기 후반 서유럽이 정치경제적 차원에서 근본적인 변화를 겪게 되면서 초래된 문화의 산업화 현상에 신랄한 비판을 가하고 있다는 점에서 자신의 스승들과 문제 지평을 공유하고 있다. 하지만, 18세기 초반 이후 서유럽 부르주아 사회에 구현된 계몽주의 원리의 해방적·민주주의적 잠재력에 깊이 주목하고 있다는 점에서 프랑크푸르트학파 1세대와 근본적인 지적 단절을 보이고 있다. 나아가 그는 19세기 후반을 지나 20세기에 들어 서구 문명이 드러낸 폭력과 억압에 대해 자신의 스승들과는 달리, 미래지향적인 희망을 버리지 않았다. 하버마스는 『의사소통행위이론』에서 '미메시스mimesis'로 불리는 예술적 무아無我와 일체화, 즉 원초적이고 전근대적인 충동 체험을 통해서만 서구 문명의 퇴락을 막을 수 있다는 아도르노의 암울함 속의 대안을 전면적으로 부정하였다. 그 대신 서구의 근대적 계몽이 발명하고 실천한 해방의 원리에서 참된 빛을 발견할 수 있다고 주장했다.

  아도르노는 미메시스 능력을 도구적 이성에 추상적으로만 대립시켜 해명할 뿐이었다. 아도르노가 암시하기만 하는 이성의 구조는 화해와 자유의 이념이 ―아무리 유토피아적이더라도― 상호주관성의 형식에 대한 암호로 해독될 때 비로소 분석될 수 있다. 개인들 간의 교류에서 강제 없는 상호이해를 가능하게 할 뿐 아니라 자기 자신과 강제 없이 상호이해를 이루는 개인의 정체성, 다시 말해 억압 없는 사회화를 가능하게 하는 상호주관성의 형식 말이다.

아도르노가 제시한 대안인 미메시스는 서유럽의 근대적 계몽이 해방의 원리로 주창한 개인의 주체성을 부정하고 있기 때문에 실제적 희망은 근대적 주체의 토대를 유지하면서 이루어지는 주체들의 민주적 협력과 소통에서 찾을 수 있다고 하버마스는 주장하고 있다.

지금까지의 논의를 바탕으로 『공론장의 구조변동』을 본격적으로 살펴보기로 하자. 서구 근대 이성과 합리성의 희망을 담고 있는 『공론장의 구조변동』은 서론을 포함해 총 7장으로 구성되어 있다. 각 장들의 주요 목차는 다음과 같다.

  하버마스가 말하고 있는 것처럼, 이 연구의 핵심에는 '부
르주아 공론장bourgeois public sphere'이 자리하고 있다. 하버마
스는 부르주아 공론장으로 명명되는 사회적 의사소통의 역
사적 유형을 분석하는 것이 이 책의 궁극적 목표임을 초판
서문에서 밝히고 있다(57). 공론장을 복수의 사람들이 모여
공동의 문제를 논의하고 일정한 결론에 도달해 가는 의사
소통의 제도화된 공간과 과정이라고 정의한다면, 하버마스
의 관점에서 서구 근대 이후의 공론장은 적어도 3개의 유
형으로 나눌 수 있다. 첫째가 이 책의 주요 분석 유형인 부

르주아 공론장이며, 나머지 둘은 인민적 공론장plebeian public sphere과 규율적 공론장regimented public sphere이다. 부르주아 공론장은 자유주의 모델 위에 성립하는 것으로 문예적 차원과 정치적 차원의 결합으로 구성된다. 여기에 참여하는 주체는 교양을 지닌 존재들이고 문제를 이성적으로 논의할 수 있는 개인들이다. 이성적 사유능력을 지닌 개인들은 '공중public'으로 불린다. 그와 달리 인민적 공론장은 부르주아 공론장의 문예적 양식과 교양인의 주체성을 결여한 조건 위에서 '교양 없는 민중'이 주도하는 공론장의 성격을 보인다. 그리고 '국민투표적 동의'라는 정치행태를 보이는 규율적 공론장은 참여자들 사이에서 실제적인 토론이나 논쟁이 진행되지 못하고 권력의 의지에 의해 조작되는 정치적 결정의 가능성이 큰 공간이자 과정이다. 이 인민적 공론장과 규율적 공론장에 부르주아 공론장을 이끄는 주체로서 '개인들'은 존재하지 않는다(58-59).

  하버마스는 근대 이후의 역사적 상황 속에서 그와 같은 세 유형의 공론장이 존재하고 있었음에도 자신은 18세기 영국, 프랑스, 독일 부르주아 사회가 실험한 부르주아 공론장만을 다루려 한다고 명확하게 밝히고 있다. 왜냐하면 나머지 둘은 부르주아 공론장의 '변종a variant'이기 때문이다 (58). 여기서 변종이 뜻하는 바는 비록 그 주체와 원리, 즉 유형이 다르다고 하더라도, 인민적 공론장과 규율적 공론 장은 모두 부르주아 공론장의 자유주의 모델이 지향하는 정치적 의지를 지향하고 있다는 것이다. 즉 이 변종 공론장 들 또한 정치권력의 자유주의적 정당성 원리 위에 성립하고 있다는 말이다.

논문 「공론장의 구조변동」이 통과된 1961년은 앞서 살펴본 프랑스 구조주의 철학자 푸코의 탄생을 알리는 논문 「광기와 정신착란」이 심사를 통과한 해이기도 하다. 푸코 논문의 핵심이 서유럽 근대 계몽주의의 원리인 이성과 합리성의, 지배를 향한 은밀한 욕망을 역사적 사례 속에서 폭로하는 데 있었다면, 하버마스의 논문은 정반대에 자리하고 있었다. 그의 논문은 서구 계몽주의가 정치사회적으로 실천되던 18세기 부르주아 사회의 이성과 합리성이 권력 비판과 정당성에 관한 민주적 원칙의 제시를 통해 정치사회적 억압으로부터 해방을 향한 역사적 패러다임을 만들어 내었다는 것을 역시 예증을 통해 설득력 있게 제시하려 했다.

하버마스가 계몽주의 이성의 제도적 구현으로 본 것은 공론장과 그곳에서 주조되는 여론이었다. 나중에 더 자세히 살펴보겠지만, 이 공론장은 합리적 사유능력을 지닌 공중들이 자유롭고 평등한 상태에서 문예적·정치적 토론을 벌이고 지배적 정치문화질서에 대한 성찰과 비판의 여론을 형성한 곳이라는 측면에서 이성과 합리성의 해방적 모습을 관찰할 수 있는 장소였다. 여기서 우리는 하버마스의 사회사상을 당대 다른 사상가들과 구별해 내는 중대한 지점을 발견하게 되고, 하버마스 사회철학에서 『공론장의 구조변동』이 차지하는 위상과 무게를 명확히 인지한다.

하버마스는 자신의 스승들과 프랑스 반이성주의 철학자들이 신랄하게 비판하고 맹렬히 공격해 온 서구 근대의 계몽주의 합리성 속에서, 모든 것을 동일성으로 통합하려는 절대의 욕망 또는 합리적이지 않은 것들의 존재성과 권리를 배제하려는 지배의 의지 너머, 전근대적 억압과 질서를 해체하고 민주적 사회를 향한 해방적 능력을 보았다. 그러한 맥락에서 하버마스는 그들에 맞서서 "좁게 제한된 합리성 개념을 확장"해야 한다고 주장했다. 근대 이성의 민주주의적 잠재력을 역설하는 대표적 철학자로 하버마스를 규정하는 데 『공론장의 구조변동』이 가장 중요한 논거가 되는 이유는 거기에 있다.

『공론장의 구조변동』에서 제기한 문제의식과 구사한 개념들은 하버마스 사회철학의 발전에 중대한 토양이 되었다. 책의 후반부는 18세기 서구 부르주아 사회의 문화적·정치적 운동 원리로서 공론장이 점차적 해체 혹은 형식화를 경험하는 양상에 주목하고 그 원인을 진단하고 있다. 그는 정치, 문화, 언론 등의 영역을 지배하고 있던 자유롭고 평등하며 개방적인 공론의 과정이 효율성, 과시적 형식성, 경제성, 이윤의 원리로 대체되는 것에 관심을 모았다. 그와 같은 변질은 종국적으로 서구사회의 민주주의 미래에 대한 암울한 전망으로 이어질 수밖에 없는데, 이것이야말로 이후 하버마스 철학이 풀어내려 하는 근본적인 문제 지평이었다.

하버마스는 현대 서유럽이 실증주의 원리 아래에서 합리

성을 지극히 기능적이고 가치중립적으로 파악하는 경향을
『이론과 실천』(1963)에서 비판해 마지않았고, 『사회과학의
논리』(1967)에서는 사회를 탐구하는 학문으로서 사회과학
을 실증주의 체계로부터 분리시키면서 사회과학은 규범의
원리 아래에서 실천적이고 해방적인 역할을 수행해야 함을
강조했다. 『이성적인 사회를 향하여』(1967)와 『이데올로기
로서의 과학기술』(1968)과 같은 저작들에서 제기된 문제의
식들 또한 같은 지향 위에 서 있다. 그 저작들은 규범적이
고 성찰적인 잠재력을 상실하고 오직 효율성과 도구적 원
리에 입각해 자신을 정당화하는 서구 과학기술체계에 대한
비판을 담아내고 있다. 우리는 그러한 논의의 연속선에서
『정당성의 위기』(1973)가 제기하는 문제의식을 읽어 낼 수
있다. 근대 공론장이 실천한 민주주의적 정당성의 근거를
상실한 현대 서구에는 정치적 정당성의 원리를 새롭게 구
축해야 하는 과제가 놓여 있다는 것이다.

한편, 『공론장의 구조변동』은 하버마스의 후기 사상을
결집하고 있는 대작 『의사소통행위이론』과 관련해서도 중
요한 의미를 지닌다. 앞서 살펴본 베버의 가치합리성 개념

그리고 호르크하이머의 객관적 이성 개념 속에서 우리는 이성과 합리성의 새로운 잠재력을 볼 수 있는데, 일정한 목적을 위해 최적의 효율성을 고려하는 수단적 정신이 아니라 목적의 윤리적인 타당성을 고민하는 규범적 정신이 바로 가치합리성과 객관적 이성이기 때문이다. 그 합리성과 이성은 목적 달성의 수단에 대한 고민 이전에 목적이 가치의 관점에서 과연 정당하게 수립되었는지를 성찰하려 하기 때문이다. 그런데 그 가치합리성과 객관적 이성은 근본적으로 '한 주체'를 단위로 한 개념이다. 하버마스가 서구 근대의 공론장에서 발견한 이성과 합리성 또한 도구적·계산적 차원을 넘어서지만 그것은 단독의 고립된 주체가 아니라 복수의 주체 위에 성립한다는 점에서 베버와 호르크하이머와는 지평을 달리한다.

칸트 이후 철학의 발전에 따르면 이성 자체는 특권을 가진 어떤 주체 안에서도 더 이상 자기 자신을 위한 신성한 장소를 보유할 수가 없다. 칸트가 말하는 순수이성이라는 '선험적이고' 비역사적인 주체에서든, 역사 속에서 이성이 스스로를 '외화'하고 다시 흡수한다는 헤겔의 구상 배후에 존재하는 전 지구적 주체에서든, 혹은 마르크스의 사유에서 특권을 갖는 역사적 주체(노동계급)에서든 이는 마찬가지다. 이성은 어떤 특수한 주체가 아니라 주체-주체 관계 속에 존재한다고 하버마스는 말한다. 합리성은 '의사소통합리성'이다(애리 브랜트, 『이성의 힘: 하버마스 의사소통행위이론에 대한 입문』, 2000).

『의사소통행위이론』에서 핵심적 위치를 차지하게 되는 '의사소통합리성communicative rationality'은 고립적 주체가 아니라 상호주체 위에서 성립하는 개념이다. 그런데 우리는 하버마스 후기 사상의 키워드인 이 개념의 단초를 사실상 『공론장의 구조변동』에서 발견할 수 있다. 물론, 공론장은 역사적으로 추출된 개념인 반면 의사소통합리성은 화용론적 언어철학을 바탕으로 도출된 개념이다. 또한 앞의 개념이 '사적 영역과 공권력영역'이라는 범주 위에 성립하고 있는 반면, 뒤의 개념은 '체계와 생활세계'라는 상이한 범주 위에 자리하고 있다는 차이를 보인다. 그러나 우리는 공론장 속 문예적 · 정치적 토론에서 구현되는 이성과 합리성의 원리가 생활세계 속에서 작동하는 의사소통합리성의 원리와 결코 다른 것이라고는 말할 수 없다. 왜냐하면 18세기 서유럽 부르주아 공론장 속에서 구현된 이성은 한 사람의 고립적 사유가 아니라 토론이라는 집단적 행위를 통해 발현된다는 점에서 의사소통합리성의 원리와 근본적으로 동일하기 때문이다.

그 '원리'와 '이념'의 수준에서 '부르주아 공론'은 이상적 담화 상황의 역사적이면서도 규범적인(이상적인) 모델로서 생각될 수 있다. 이러한 사상은 후기의 의사소통행위이론과 담화윤리에 대한 논의에서 구체적으로 제시된다(김재현, 「하버마스 사상의 형성과 발전」, 『하버마스의 사상: 주요 주제와 쟁점들』, 1996).

정리하자면, 『공론장의 구조변동』은 하버마스가 서구 사회철학계에서 이성주의자로서 자신의 사상적 자리를 명확하게 보여 준 대표 저작이면서 그의 비판이론이 지향하게 될 근본적 문제의식과 이론을 견고하게 하는 계기가 된

저작이다. 여기서 정립된 공론장, 여론, 토의, 정당성과 같은 민주주의 원리와 규칙들은 그 근간을 유지함과 동시에 변화된 시대적 상황에 맞게 일정한 수정을 거치면서 현대 서구의 정치사회, 나아가 정치사회 일반을 비판적으로 진단하고 해법을 제시하는 데 영향력 있는 개념적 틀로 작용하고 있다. 이제 이 책의 내용을 본격적으로 살펴보도록 하자.

4장
부르주아 공론장의 개념을 추적하다

    우리는 공권력, 공공기관, 공무원, 공기업, 공익시설, 공공도서관, 공적 서비스, 공중, 공적 여론 등 공에 관련된, 또는 그로부터 파생된 여러 개념들을 일상에서 접하곤 한다. 여기서 언급한 용어들은 모두 '공公, public'이라는 형용사를 포함하고 있는데, 문제는 이 '공'의 의미가 하나가 아니라는 데 있다.

    그렇다면 다층적 의미를 갖는 '공'은 어떤 개념인가? 공무원이나 공기업을 말할 때의 '공'과 공공도서관과 공적 여론을 이야기할 때의 '공'이 같은 의미인가, 다른 의미인가? 이것은 우리 논의의 중심인 하버마스의 공론장 역시 그 '공'이라는 개념에 연결되어 있다는 점에서 중요한 질문이라고 할 수 있다.

먼저, 공익시설, 공공기관, 공공도서관 같은 용어들은 "모든 사람들에게 열려 있다"는 의미를 내포하고 있고 그 점에서 우리는 '공'을 말한다. 하지만 앞의 용례 중에서 공권력, 공무원, 공기업과 같은 개념들은 모든 사람들에게 개방되어 있다는 의미와는 거리가 멀어 보인다. 오히려 국가라는 정치적 실체와 연결된 용어로 이해할 수 있다. 말하자면 "모든 법적 구성원의 공공복리, 공동의 복리를 보살피는 과제"를 부여받은 존재가 국가이고 그러한 시각에서 우리는 '공'의 의미를 떠올릴 수 있다는 말이다.

그런데, 하버마스는 그와 같은 두 의미 너머에서 '공'의 또 다른 색깔을 발견한다. 가령, 우리가 공중과 공적 의견을 떠올린다면 그것은 다분히 '공개성'이라든가 '발표'와 같은 의미로 연결된다(62). 즉, 그것은 상대 앞에서 자신의 의견을 주장하고 교환하는 모습을 지칭하는 용어다. 그와 같은 상황은 자신의 생각과 견해가 타인의 평가와 비판을 수용할 준비가 되어 있음을 전제로 한다.

정리하면, 공은 크게 세 개의 상이한 의미로 이해할 수 있다. 첫째, 국가로 표상되는 정치적 실체의 영역을 지칭하는 개념이고, 둘째는 모든 사람에게 열려 있다는 의미이며, 셋째는 상호성에 입각한 의사 교환과 소통의 상황을 지칭하는 용어다. 하버마스는 공의 이러한 의미들에 접근하고 있다.

하버마스는 먼저 '과시적 공공성'이라는 개념을 살펴보는데, 대체로 그것은 전근대적인 정치체제 속에서 권력자가 자신의 통치권을 피치자 '앞에' 과시하는 행위를 가리키는 개념이다. 구체적으로 "표장表裝, 용모, 거동, 수사 등 한마디로 말해서 '고귀한' 행동의 엄격한 행위양식과 결부되어 있는"(70) 것이다. 중세시대의 영주나 기사나 성직자 등이 구현하고자 했던 과시적 공공성은 16세기에 들어 인문주의적 왕권humanistic kingship이 등장하면서 궁정사회에서 그 새로운 양상을 보였다. 인문주의적 왕권이란 "도시나 궁정과 같은 공적 공간을 매개로 군주의 존재와 권력을 표상하는 일을 핵심적 통치술로 삼는" 것이며, 그와 같은 표상의 정치에 오페라, 건축물, 회화, 조각과 같이 다양한 예술적 장치들이 동원되었다. 17세기 절대주의 군주들에게서 발견되는 과시적 공공성과 관련해 하버마스는 바로크축제를 언급하고 있는데, 바로크baroque양식이야말로 군주권력의 화려함과 위엄을 감각적으로 재현하기 위해 탄생한 예술양식이다. 하버마스도 언급하고 있는 프랑스 군주 루이 14세가 베르사유 궁정에서 권력투쟁을 거쳐 절대군주로 오르는 과정을 다룬 영화 〈왕의 춤Le Roi dance〉은 오페라와 미술을 이용한 과시적 공공성의 흥미로운 사례를 보여 준다.

그와 같은 과시적 공공성은 비단 서양에 국한된 현상은 아니었다. 예컨대, 19세기 중반 메이지 일왕의 거리의례로 대표되는 패전트pageant에서도 우리는 과시적 공공성을 관찰할 수 있다.

전근대적 정치에서 지배적으로 나타나는 양상이지만, "오늘날에도 교회의식, 예배의식, 미사, 의식행렬에서"(70) 여전히 그 모습을 드러내고 있는 과시적 공공성은 우리에게 공의 중요한 의미를 파악하게 한다. 군주권력이 표출하고자 하는 공공성은 본질적으로 국가의 정치적 존재성이다. '짐이 곧 국가다'라는 루이 14세의 전설적인 언명이 말해 주는 것처럼, 그때의 국가는 군주의 인격성과 분리되고 있지 않지만, 그럼에도 절대주의 국가가 단순히 군주 일인의 인격적 틀로 환원되는 단순한 체계는 아니었다. 봉건주의 시대의 종교권력(사제)과 세속권력(봉건영주) 간의 정치투쟁을 거쳐 절대권력자로 등장한 왕이 자신의 영토를 수호하고 영토 내 이질적 요소들을 단일한 것으로 전환해 내는 과정에서 만든 다양한 제도와 장치들은 객관화된 국가의 존재론적 토대가 되었다. 그 점에서 하버마스는 절대주의 국가를 "절대주의와 함께 완성된 국가, 즉 지배자의 인격에 반해 객관화된 국가"(74)라고 말하고 있다.

절대주의 시대가 표명한 공이란 곧 국가적인 것을 의미했으며 공권력, 국가관리, 공직, 공무, 공공건물과 같은 개념들이 그 속에 포함되었다. 절대주의 시대의 국가와 공권력은 관료제를 필두로 여러 제도들을 통해 봉건시대에서 유래한 정치적·지역적·문화적 차이를 없애고 통일과 균질성의 원리에 입각한 영토 개념을 실천해 갔다. 절대주의 국가체제를 정치적 근대성에 가깝게 놓으려는 정치학적 해석은 그와 같은 사실에 연유한다. 그 점에서 절대주의 국가는 정치 공동체 내 부분집단들이 아니라 모든 구성원들을 향해 실천되는 정치적 양상을 보여 주었으며, 그 점에서 절대주의 국가의 공공성 또한 구성원 전체에 관여하는 것으로 이해하는 것이다.

공에 대한 이와 같은 시각은 우리가 오늘날 국가의 공공행정이나 공공정책이란 개념을 사용할 때도 뚜렷이 드러난다. 여기서 공과 사의 이분법이 발견되었는데, 공이 국가적 업무에 연결된 행위영역이라고 한다면, 사는 국가적인 것과 무관한 행위영역을 의미한다. 사기업, 사설기관, 사인私人, 사법과 같은 단어들을 떠올릴 수 있다(74).

서유럽에서는 17세기 중반부터 절대주의 권력에 대한 비판과 도전이 시작되었다. 그 중심은 영국이었고, 18세기 중반에 들어 프랑스와 같은 대륙국가에서 한층 더 첨예한 모습으로 나타났다. 프랑스의 경우 태양왕 이래로 전례 없이 강력한 절대주의 권력이 형성되어 있었기 때문에 그에 대한 저항 또한 더 강하게 전개되었다. 그러한 역사적 도전의 국면은 명백히 계몽주의로 상징되는, 기성의 정치사회적 질서와 권력에 대한 새로운 사유운동과 밀접한 관련을 맺고 있었으며, 그 철학운동은 궁극적으로 부르주아 계급의 경제적·문화적 상승으로 추동되었다.

그와 같은 일련의 거대한 변화 속에서 공에 대한 새로운 관념이 등장했다. 그런데 그 관념은 국가-정치권력과 친화성을 갖는 공이 아니었다. 그것은 오히려 기성 권력과 질서를 문제시하는 차원의 공이었다. 절대주의체제의 기초가 되는 원칙과 요소들을 비판적 논의 대상으로 삼는 의지로서의 공이었다. 권력에 대한 저항에 연결된 공의 개념은 앞서 살펴본 공의 두 의미에 깔려 있다. 즉, 모두에게 열려 있다는 공간적 의미의 공과 의견의 교환과 소통 과정으로서의 공에 연관되어 있다. 그리고 그 두 의미는 '공적 의견'을 뜻하는 여론이라는 개념 속에 깊이 연결되어 있다. 하버마스가 핵심적으로 분석한 공론장은 본질적으로 그 여론이 만들어지는 장소를 지칭한다. 근대 이후 민주주의 정치가 작동하는 데 필수적인 요소들 중의 하나가 여론이라는 데는 이견이 없을 것이다. 그렇지만 그 여론이 처음부터 정치 과정의 중대한 변수가 된 것은 아니었다.

하버마스는 서유럽 근대 정치사상의 차원에서 그 여론이

어떻게 비중 있는 정치적 개념으로 등장하는지를 고찰하고 있다. 하버마스의 논의는 여론에 포함되어 있는 개념인 '의견opinion'을 살펴보는 데서 시작한다. 영어와 프랑스어에서 의견은 라틴어 'opinio'에 그 기원을 둔다. 하버마스에 따르면 이 'opinio'는 "사견, 혹은 완전히 입증되지 않은 불확실한 판단"(178)을 뜻하는 개념으로 성립했다. 그는 이 말이 플라톤이 말한 '억견臆見, doxa', 헤겔G. W. F. Hegel이 말한 '사견私見, meinen'의 의미와 정확히 일치한다고 보았는데, 그 점에서 의견은 진리의 반대편에 자리하는 것으로서 부정적 개념일 뿐이다.

  하지만 하버마스는 그와 같은 의견이 억견이나 사견을 넘어서는 또 다른 두 의미를 지니고 있다고 주장한다. 하나는 불확실한, 그렇기 때문에 참과 거짓의 증명을 거쳐야 하는 것, 그러나 무시할 수는 없는 의견이며, 다른 하나는 한 사람의 개별적 의견이 아니라 복수의 사람들을 아우르는 '집단적 의견'의 의미다(178). 그와 같은 의미들을 갖는 의견, 즉 불확실하지만 무시할 수는 없는 집단적 의견은 구체적으로 프랑스어에서 "관습과 예절, 일반적으로 통용되는 관념과

널리 유포된 관습"을 일컫는 말인 'les opinions'에서 그 모습을 볼 수 있다고 하버마스는 말한다(179). 일반적으로 전통에서 길어 올린 관습 같은 것들은 특정한 집단이 공유하는 태도로서, 객관적 진리의 영역에 포함되지는 않지만 그렇다고 쉽게 무시할 수 있는 것도 아니다.

하버마스는 의견의 지성사적 계보를 추적하는 일과 관련해 홉스Thomas Hobbes를 살펴보고 있는데, 여기서 의견의 또 다른 의미를 발견한다. 홉스는 1640년에 『법의 요소 I Elements of Law I』를 저술했는데, 하버마스에 따르면 이 책에서 홉스는 양심conscience을 의견과 동일시했다. 주지하는 것처럼, 홉스의 사상은 영국 내 종교전쟁과 그에 따른 정치적 갈등이라는 시대적 배경에 연결되어 있었다. 하버마스는 홉스가 위의 저술에서 종교란 사적인 믿음의 영역이고, 모든 종교는 동등한 가치를 지니고 있으며, (종교적) 양심은 특정한 사람의 개인적인 의견일 뿐이라고 주장했다고 해석하였다(179-180). 결과적으로 그와 같은 사유는 의견의 의미 변화에 중대한 영향을 미쳤다. 궁극적으로 홉스의 기여는 특정한 종교적 신념의 위상과 가치의 평가절하를 이루어

내었다는 것, 뒤집어서 말하면 모든 의견들의 위상과 가치가 평가절상되도록 했다는 데 있다. 말하자면 의견 일반이 중요한 의미를 부여받게 되었다는 것이다.

하버마스의 분석은 홉스와 동시대를 산 로크의 사상으로 나아간다. 의견에 대한 로크의 사유는 한층 더 급진적인 내용을 띠게 되는데, 로크는 『인간오성론*An Essay Concerning Human Understanding*』에서 의견을 신법, 국가법처럼 법률의 차원으로 승격했을 뿐만 아니라, 의견의 법 혹은 의견과 평판의 법Law of Opinion or Reputation이 덕과 악덕의 판별 기준이라고까지 말했다. 로크는 "이러한 덕과 악덕의 명칭은 그 적용되는 개개의 사례에서는 전 세계의 여러 국민과 인간사회를 통해서 언제나 각 국가나 사회에서 호평 또는 악평을 받는 행동에만 속한다는 것"이라고 말한다. 로크의 의견은 의견에 대한 과거의 부정적 평가, 즉 불확실하고 신뢰할 수 없는 억측이라는 평가를 완전히 벗어나고 있다. 하버마스의 해석에 따르면 의견의 법은 "풍속의 비공식적 망을 의미하는데, 의견의 법에 의한 간접적인 사회적 통제가 교회나 국가의 지배 위협 아래에서 진행되는 공식적 검열보다 더 효과적"이라는 면에서 그 법은 '사적 검열의 법'으로 명명된다(181).

하지만 로크에게서 의견이 그와 같이 새로운 의미를 지니게 되었다고 하더라도 그 의견은 여전히 여론과는 다른 개념에 머물러 있었다. "의견의 법은 여론의 법으로 이해되지 않는다"는 말인데, 하버마스는 그 이유를 세 가지로 설명하고 있다. 당시 의견은 첫째, '비밀스러운 무언의 일치'로 만들어지는 것이지 공적 토론에서 발생하는 게 아닌 것으로 이해되었기 때문이고 둘째, 국가의 법에 적용될 만큼 충분한 권위를 가지고 있지 않았으며 셋째, 여론처럼 교양과 재산이라는 조건의 구속을 받지 않았기 때문이다. 의견이란 사회적 관습에 기댄 것으로서 여론과는 근본적으로 다른 것이었다(181).

의견에 공공public의 개념이 결합되어 여론public opinion으로 발전하는 데에는 '공공정신public spirit'이란 말의 부상이 필요했다. 하버마스는 18세기 영국의 두 지성인 토리당의 지도자 볼링브룩Henri Saint John Bolingbroke과 유럽 보수주의의 창시자 버크Edmund Burke의 정치적 발언을 언급하고 있다.

〈크래프츠먼Craftsman〉을 창간한 볼링브룩은 1734년 7월

27일자 기고문에서 "국민의 공공정신은 권력자의 부패에 맞서는 자유의 정신"이라고 주장했다. 여기서 '공공정신'은 이성적 토론에 의해 집단적으로 구축된 정신이라기보다는 올바름을 발견할 수 있는 감성 위에서 만들어진 것인데, 중요한 사실은 그와 같은 공공정신이 정치적 참됨의 근거로 성립했다는 점이다.

한편, 버크는 1780년에 「미국 문제에 대해On the Affairs of America」라는 편지글에서 입법의 권리는 피치자의 '일반의견' 위에 성립하는 것이라고 주장했다. "자유로운 나라들에서 모든 사람은 자신이 공적 일에 관심을 가지고 있다고 생각한다. 즉 그가 공적 일에 대해 의견을 형성하고 전달할 권리를 가지고 있다고 생각한다. 그들은 이 일을 엄밀히 조사하고, 검토하고, 토론한다"는 버크의 주장에 하버마스는 주목하고 있다.

여기서 중요하게 음미해야 하는 내용은 사람들이 지적인 능력에 입각해 문제를 살피고 토론하는 의지를 지니고 있다는 부분이다. 자유의 정신으로 불린 공공정신, 입법권으로 대표된 정치적 권리의 근거가 되는 일반의견, 지적인 논의를 통해 만드는 공적인 사안에 대한 의견 등 당대 영국의 정치사회에 대한 문제의식의 귀결이라고 볼 수 있는 볼링브룩과 버크의 정치적 사유들은 이상적 의미의 여론 개념에 상당 부분 부합하고 있다.

한편, 영국과 같은 시대의 프랑스에서도 의견에서 여론으로의 변화가 발생하고 있었는데 그 방향은 영국과 같은 측면도 있었지만 차이 또한 무시할 수 없었다. 앞서 우리는 18세기 프랑스에서 의견이 관습의 의미로 이해되고 있었음을 살펴보았다. 그 의견이 무시될 만한 것은 아니었지만, 그렇다고 해서 긍정적 평가를 받지는 않았다. 예컨대, 프랑스 백과전서파에게서 의견은 '불확실하고 공허한 정신상태'에 연결되어 있었으며, 그러한 이유로 의견은 이성과 비판능력의 반대편에 위치하는 것으로 간주되었다. 즉, "이성을 다룰 줄 아는 사람, 비판능력을 갖춘 사람은 공리공론空理空論과 의견과 권위의 멍에, 한마디로 선입견과 야만성의 멍에를 어떻게 떨칠지를 아는 사람"(182)이라는 이야기였다.

그런데 하버마스는 프랑스 중농주의자들의 부상으로 여론에 근본적인 의미 변화가 발생했다고 해석하고 있다. 절대주의가 초래한 사회경제적 위기 속에서 등장한 프랑스 중농주의는 상업경제에서 농업경제로 무게중심을 이동하고, 조세제도를 개편하며 국가권력이 과도하게 경제행위에 개입하는 것을 금지하는 등의 개혁조치를 통해 국내의 경제 위기를 해결할 것을 제안했다. 또한 정치적 차원에서는 절대군주의 결정행위가 계몽된 피치자들이 결집해 낸 정치적 의견의 구속을 받아야 한다는 내용의 개혁안을 제시했다.

이러한 논의와 관련해 하버마스는 중농주의자 메르시에Louis Sebastien Mercier의 주장을 인용한다. 메르시에는 자신의 저술 『정부들에 관한 명확한 개념들Notions claires sur les gouvernements』에서 "훌륭한 책들은 모든 계층의 계몽된 국민들에 달려 있다"고 말하고, "이 훌륭한 책들은 정부에게 정부의 의무, 오류, 참된 이해, 정부가 경청하고 따라야만 할 여론을 깨우쳐 준다"고 말했다. 하버마스는 이때 언급된 여론을 "사회적 질서의 토대를 함께 공적으로 성찰한 과정의 계몽적[합리적으로 의심하고 추론한] 결과"(186)라고 말하고 있다. 물론 중농주의자들이 주장한 여론의 의미는 절대군주제 자체를 의심하지 않는다는 면에서 정치적 근대성의 영역 안으로 온전히 진입하는 것은 아니다. 하지만 하버마스는 그 여론이 갖는 의미를 가볍게 볼 수 없다고 말한다. 왜냐하면 그 여론은 '지배의 합리화' 또는 '권위가 법을 만든다는 절대주의 준칙의 효력 상실'을 말해 주는 것으로 해석될 수 있기 때문이다(187).

같은 문제의식에서 하버마스는 루소Jean-Jacques Rousseau의 여론 개념을 살펴보고 있다. 루소에게서 여론은 중농주의에 내재된 정치적 한계를 넘어 보다 급진적인 개념으로 전환된다. 그에게서 여론은 단순히 정치권력을 통제하기 위한 반성적 사유 과정과 그 결과가 아니라 권력 그 자체가 된다. 이러한 차이를 하버마스는 다음과 같이 말하고 있다. "중농주의자들이 비판적 효력을 갖는 공론장으로 보완된 절대주의를 지지하는 반면, 루소는 공적 토론 없는 민주주의를 원한다"(191). 주지하는 것처럼, 루소는 인민 주권과 인민 민주주의를 꿈꾸었는데 그것을 실현하기 위해서는 몇 가지 조건들이 필요했다. 먼저 인민들 사이에 경제적 불평등이 없거나 최소화되어야 하고, 모든 인민들이 정치에 참여할 수 있는 정도의 소규모 공동체여야 한다. 그와 같은 정치경제적 균질성 혹은 단일성 위에서 정치체를 수립하는 사회계약이 이루어진다. 이 사회계약은, 자신의 주권을 특정한 정치적 존재에게 양도함으로써 일인의 주권자가 만들어지고 나머지 모든 사람이 신민이 되는 홉스의 사회계약과 같지 않다. 주권은 외부의 정치적 존재에게 양도되는 것이 아니라 인민 모두가 공유하는 일반적 주권으로 승화된다. 인민이 주권을 양도하지만 여전히 그 주권의 주체로 남게 되는 사회계약이다. 이러한 조건과 과정 속에서 실현된 정치적 의사를 루소는 일반의사volonté générale; general will라고 불렀고 그 일반의사의 구현이 국가의 법률이다.

이러한 점에서 루소의 여론은 절대주의의 정치적 정당성에 대한 비판적 성찰도 아니고 합리적 토론으로 접근하는 공적인 문제들에 대한 집단적 의견도 아니다. 루소에게 여론은 인민들 전체의 의사와 의지의 궁극적 결정체다. 루소는 일반의사가 인민들 사이에서 어떠한 토론이나 소통도 없는sans communication; without communication 조건 위에서 성립한다고 말했다. 토론은 인민들 사이의 차이를 드러내는 것이며, 토론으로 그 차이는 더 확대된다. 따라서 토론은 인민의 일반의사가 만들어지는 것을 가로막는 과정일 뿐이다. 그 점에서 루소의 여론은 자유주의의 합리주의적 기초에서 벗어나 있다. 여론은 오히려 인민들의 근본적이고 총체적인 동일성 위에서 주조되는 것으로서 입법의 근원이다. 루소는 『학문예술론Discours sur les Sciences et les Arts』에서 '공공여론'이란 말을 사용했는데, 하버마스에 의하면 그가 언급한 공공여론의 의미는 앞서 살펴본 18세기의 영국이 지향한 정치사회적 의미보다는 "인간들 사이에서 신성한 것으로 간주되어 온 것들"로서 전통적인 믿음과 덕성 위에 자리 잡는 것으로 간주되었다(185). 여기서 우리는 루소가 일반의사와 연결하고 있는 여론의 본성을 감지하는데, 그것은 여론이 이성주의의 토대를 넘어선다는 것이다.

하버마스에 따르면, 루소의 급진주의적 여론 개념은 프랑스혁명에서 정치적 실천의 양상을 보여 주었지만, 이후 여론 개념의 역사적 형성 과정에서 주류로 진입하지는 못했다. 그 논의와 관련해 하버마스는 벤담J. Bentham과 기조F. Guizot 그리고 독일의 저널리스트 빌란트C. M. Wieland의 여론 개념을 언급하고 있다. 벤담이 프랑스 입법의회의 요구에 따라 쓴 글에는 공권력의 행사에 대한 여론의 지속적인 통제 필요성이 언급되어 있었다. 벤담은 『입법의회의 전략*Tactic des Assemblées Législatives*』이란 책에서 "그러나 누구나 느끼고 있는 점은, 이 법정이 비록 오류 가능성에 노출되어 있기는 하지만 매수되지 않는다는 것, 스스로 깨우치려 지속적으로 노력한다는 것, 국민 전체의 지혜와 정의를 품고 있다는 것, 언제나 정치인들의 운명을 결정한다는 것, 그것이 부과하는 벌은 피할 수 없다는 것"(192)이라고 말했다. 여기서 말하는 '이 법정'이란 공적 의견, 즉 여론의 법정이다. 이 여론 법정은 직접 지배하지는 않지만 정치권력의 행사 과정에 영향을 미친다.

이어서 하버마스는 여론에 대한 기조의 생각을 인용하고 있다. 기조는 『유럽 대의제 정부의 기원사*Histoire des origines du gouvernement representatif en Europe*』에서 여론의 정치적 위상을 밝히고 있는데, 대의제는 모든 시민들이 절대권력을 규제하는 힘으로서 이성, 정의, 진리를 추구하도록 하고 있고 그와 같은 정치적 실천은 구체적으로 진리를 향한 토론, 공개적인 권력 감시, 권력에 대한 정치적 압력을 행사하는 자유로운 언론과 같은 장치들에 의해 뒷받침된다고 말했다(194).

여기서 여론은 합리적 사고와 토론을 통해 권력을 감시하고 통제하는 정치적 힘의 원천으로 등장한다. 하버마스의 분석에 따르면 독일에서 여론 개념은 영국 및 프랑스에서보다 한참 뒤늦게 싹트는데, 여기서 하버마스가 주목하는 인물이 포스터Georg Foster와 빌란트다. 프랑스혁명 정신에 깊은 영감을 받은 포스터는 여론의 개념과 일반정신의 개념을 구분해서 소개하고 있다. 1793년 말 가족에게 보낸 서신에서 포스터는 "독일의 일반정신이 존재하지 않는 것과 마찬가지로 독일의 여론도 존재하지 않는다"(195)고 말했는데, 여기서 우리는 여론을 프랑스 중농주의와 연결할 수 있고 일반정신을 루소의 일반의사와 결합할 수 있다. 하버마스의 해석에 따르면, 독일의 시인이자 저술가였던 빌란트가 1798년 자신의 문집에서 이야기한 여론이 비록 루소의 일반정신으로서의 여론이라 하더라도 그의 주된 관점은 인민주의보다는 자유주의적 여론 개념에 접근하고 있다. 빌란트는 정치권력과 종교권력의 무책임성과 부당성을 비판하면서, 이성의 힘이 확산되어 진리의 원천으로 부상하면 그 부조리를 해결할 수 있다고 주장했다(196-197, 주 56).

＊＊＊

부르주아 공론장의 핵심적인 정치적 기능은 여론을 형성하는 것이다. 그 여론은 부정적인 평가를 받는 개념도 아니고 정치 공동체의 전체의사를 만들어 내는 급진적인 개념도 아니다. 그것은 유럽의 근대지성사라는 터널을 지나오면서 토론을 통해 결집된, 권력체가 따라야 할 규범적 무게를 지니는 피치자의 집단적 의견이라는 자유주의적 의미로 이해되었다.

5장
부르주아 공론장은 어떻게 생겨났는가
– 공론장의 문화사

    부르주아 공론장을 구성하는 주체는 공중公衆이다. 하버마스에 따르면 이 공중은 이중적 존재성을 내재하고 있다. 먼저, 공중은 사적 개인이다. 이는 개인이 당대의 대표적인 사적 영역인 가정과 경제활동의 주체라는 의미다. 말하자면 그들은 "사인의 지위로 상품소유자의 역할과 가장의 역할"(97)을 수행하는 사람들이다. 그 점에서 그들은 자신만의 특수한 이해관계를 갖는 개별적 존재들이다. 하지만 그와 동시에 공중은 자신들의 사적 이익의 문제를 모두에 관계하는 보편적인 공동의 원리로 전환해 낼 사유능력과 토론능력을 지닌 공적 존재이기도 하다.

사적 존재이기도 하면서 공적 존재이기도 한 것, 이것이 공중의 독특한 얼굴이다. 하버마스는 이에 대해 "사인으로서 부르주아는 한 몸속의 둘이다. 즉 그는 재화와 사람에 대한 소유자인 동시에 다른 인간들 중의 한 인간이다. 그는 부르주아이자 인간이다"(132)라고 말하고 있다. 자신의 개별적 조건과 이익을 보편적이고 일반적인 차원으로 전환해 낼 능력, 이 능력을 갖추기 위해서는 무엇보다 교양을 갖추어야 한다. 교양이란 모든 것을 합리적으로 사유하고 토론하는 이성적 힘에 바탕을 두고 있는 능력이다. 합리적 사유와 토론이야말로 사적인 이익을 공적 가치로 바꾸어 내고 공유하는 보편화의 힘이라고 할 수 있다.

그렇다면 부르주아 계급은 어떻게 해서 공중으로서의 능력을 지니게 되었는가? 거기에 답하기 위해서는 당대 부르주아 사회의 새로운 문화제도와 실천을 살펴보아야 한다고 하버마스는 주장한다. 부르주아 계급이 발명하고 향유한 문화에는 공중의 형성에 관계하는 중대한 두 추동력이 포함되어 있었다. 하나는 자기 스스로를 개인이라는 독립적 존재로 인식하게 하는 정신적 힘이며, 다른 하나는 그러한 개인들이 고립된 존재가 아니라 함께 모여 정보와 의사를 교류하는 의견 공동체로 구성될 수 있게 하는 문화적 힘이다. 하버마스는 먼저 부르주아 주택의 공간 구성을 통해 그 문제에 접근하고 있다.

'가부장적 핵가족'을 본질로 삼고 있는 부르주아 가족제도는 주택의 내부 구조에서 정확하게 가시화되었다. 하버마스는 몇몇 연구자들의 분석에 입각해 부르주아 주택의 특성을 설명하고 있다. 부르주아화된 17세기 영국의 농촌 귀족이 보여 주듯이 영국 부르주아 주택에서는 '생활의 사사화私事化'를 볼 수 있었다. 예컨대, 높은 천장의 홀이 사라지고 그 큰 공간은 일상적 규모의 수많은 공간들로 나뉘었다. 정원이 줄어들었을 뿐만 아니라 그 위치도 주택의 후면으로 이동했다. 이러한 양상은 유럽 대륙의 부르주아 주택에서도 예외가 아니었는데, 공동주거 공간인 거실이 줄어들거나 완전히 사라지고, 대신 개별 가족 구성원들을 위한 방들이 더 늘어났다. 이는 가족 구성원의 개별화가 중요한 의미를 지니게 되었음을 말해 준다(119). 주거 공간의 개인화로 구축된 부르주아 주택에는 과거에는 존재하지 않던 새로운 방이 등장하는데 바로 '살롱Salon'이다. 이 살롱은 전통적인 주택의 홀이나 정원과는 근본적으로 다른 곳이다. 홀이나 정원이 '일가' 혹은 '친지집단'의 개념 위에 성립하는 집단주의의 장소라면, 살롱은 '사적 개인들'의 모임이 일어나는 개인주의의 장소다(120).

하버마스가 부르주아 주택의 공간 구성과 그 속에서의 살롱의 의미를 파악함으로써 제시하려는 근본적인 입론은 그곳에 구현된 개인주의 가치의 부상이다. "부르주아 가족은 자발적이며, 자유로운 개인들에 의해 성립하고 아무런 강제 없이 유지되는 듯하다. 배우자 쌍방이 지속적 사랑 공동체에 근거하고 있는 것처럼 보인다. 그것은 교양 있는 인격성을 특징짓는, 특정한 목적에 구애받지 않는 모든 능력의 발전을 보장하는 것 같다"(122)고 하버마스는 말하고 있다.

부르주아 가족 공동체에서 공히 구현되고 있던 개인적 자유와 내면적 사랑의 심성과 지적 취향을 향한 교양의 욕구는 대외적으로는 '서신 교환', '일기 쓰기', '자전적 소설' 등 새로운 문화적 형식으로 꽃피우게 된다. 서신 교환은 가족적 가치를 확인하는 정보들로 채워진 '소식'과는 근본적으로 다른 것으로서 자신의 내면 감성을 전달하는 수단이었고 그럼으로써 개인은 편지 쓰기를 통해 자신의 "주체성을 발전시"킬 수 있었다(124). 같은 맥락에서 "일기는 발신자에게 보낸 편지"이며, "일인칭 소설은 다른 수신인을 향한 자기 대화이자 똑같이 핵가족의 친밀한 관계에서 발견되는 주체성의 실험이다"(125).

『사생활의 역사 3(르네상스로부터 계몽주의까지)』에서 아리에스Philippe Ariès는 16세기부터 18세기 사이 서유럽의 문화적 변화를 설명하고 있는데 그 핵심에는 개인과 사생활에 대한 새로운 관념의 형성이 놓여 있었다. 아리에스에 따르면 중세 유럽에서 개인은 자기 고유의 존재성에 대한 관념을 결여한 채 언제나 공동체 안에서의 위치와 역할로 자신을 발견할 뿐이었다. 아리에스에 따르면 "개인에게 부여된 주된 임무 가운데 하나는 예나 다름없이 여전히 공동체 안에서 허용된 사회적 역할을 획득하거나 방어 또는 증대시키는 것이었다". 또한 그 '개인'은 사적인 영역에서 느끼는 내밀함과 같은 개인주의 심성이 아니라 타인과의 관계 속에서 드러나는 외관에 의해서만 인지되었다. "개인은 있는 그 대로가 아니라 겉으로 드러나는 또는 드러내는 데 성공한 겉모습에 불과"한 존재로 인지되어 왔다. 그와 같은 개인들은 르네상스에서 시작되는 탈중세적 문화상을 따라 점차적으로 자신의 내적 의지와 욕망에 귀 기울이는 진정한 개인으로 탄생하기에 이른다. 부르주아 가족 공동체의 공간적 특성에 대한 하버마스의 분석은 아리에스의 관점과 다르지 않다.

하버마스는 부르주아 주택에서 살롱을 매우 흥미로운 공간으로 보고 있다. 개인화된 공간들로 나뉜 부르주아 주택에서 살롱은 개인들이 모여 대화하고 교류할 수 있는 유일한 집단적 장소이기 때문이다. 그가 프랑스 랑부이에 Rambouillé 후작 부인이 개장한 살롱을 이야기하고 있는 것은 (100) 17세기 초반의 랑부이에 살롱이 프랑스 살롱문화의 효시라는 사실 때문이다.

서정복(2003)에 따르면, 랑부이에 부인이 살롱을 만든 근본적인 이유는 크게 두 가지로 알려져 있다. 첫째, 당시 프랑스인들 사이에서는 격식화·형식화된 예법이 고수되는 것에 거부감이 있었는데, 그에 대한 반동으로 "부드러우며 섬세하고 자연스러운 내면과 품위 있는 분위기 그리고 예절을 갈망하게 되었다". 둘째, 이탈리아에서 올라오는 르네상스의 인문학적 기운이 프랑스에서도 중대하고 있었다. 그 결과 살롱은 이 두 가지 욕구를 충족시키기 위한 문화적 공간으로 탄생했다.

랑부이에 후작 부인은 자신이 물려받은 파리의 저택 내부를 새로운 건축술과 장식술을 통해 궁정의 전통적인 실내 분위기와는 전혀 다른 공간으로 만들었다. 공간 특성 면에서 살롱은 크게 사교와 파티장으로 활용되는 넓은 객실과 '청실'로 불리는 작은 객실로 구성되었다. 살롱의 넓은 객실은 "무용, 만찬, 관극 등과 같이 궁중에서 즐기는 오락을" 자유롭게 즐기는 장소라는 점에서 별반 새로워 보이지 않는다. 그러나 '규방', '은밀한 작은 방', '내실'로 불리기도 한 청실을 생각하면 이야기는 사뭇 달라진다. 살롱의 여주인 또는 '프레시외즈précieuse'로 불리는 세련된 귀부인이 손님을 초대하고 접대하는 청실은 격식을 차리거나 과도하고 엄격한 예절을 연출하는 행위와 거리를 두고 있었다. 그곳은 "프레시외즈가 자신의 침실에서 휴식하고 침대에 앉거나 비스듬히 기대어 혹은 누워서 손님을 접대"하는 장소였다. 논의를 이어가면 "랑부이에 부인의 살롱이 새로웠던 것은 종종 남자들과 여자들이 함께 모여 그때만은 평등하고 자유롭게 조금도 격식을 차리지 않고 즐거움을 위해서 각자 가지고 있는 지혜를 내놓고자 소박한 대화의 장을 만들었다는 점이다". 살롱의 남성과 여성들은 노래와 연주를 즐기기도 하고 즉흥시에 심취하기도 했으며 소설의 낭독을 통해 서로의 문학적 취향을 나누기도 했다.

이러한 살롱은 17세기가 시작되면서 선보였고 그 이후에 경쟁적으로 늘어났다. 살롱은 무엇보다 개인과 개인주의의 문화적 영역이었다. 살롱에 참여하는 개인에게 가장 중요한 것은 자신의 사회적 지위를 드러내 주는 격식화된 예절이 아니라 내적 의지의 자연스러운 표출이었고 본인의 문화적 욕구를 타인에게 보여 주고 함께 향유하는 일이었다. 하버마스에 따르면 살롱의 확산은 '자립성', '친밀성' 등의 개인주의 심성이 '과시', '겉치레', '거대한 취미', '화려한 의식', '예의범절'과 같은 전통적 예절의 형식을 대신하는 변화를 가져왔다(100-101).

하지만 이 살롱은 단지 문화적 개인주의가 지배하는 장소만은 아니었다. 왜냐하면 문화를 열망하는 개인들이 모여 교류하는 곳이었기 때문이다. 살롱에 참여한 사람들은 고유한 문화적 취향을 지닌 자립적 존재이면서 자유롭고 평등한 방식으로 문화를 교류하고 공유하는 집합적 존재라는 이중성을 지닌다. 그 점에서 이들은 문화적 공중으로 불린다. 하버마스가 살롱에 대해 "사적 영역과 공론장을 가르는 경계선이 집의 한가운데를 지나게 된다. 사적 개인들은 그들 거실의 친밀함으로부터 살롱의 공론장으로 나온다"(120)고 묘사하고 있는 것도 이러한 맥락에 관련되어 있다.

그러한 점에서 살롱은 문화적 개별성과 집단성이 공존하는, 달리 말하면 문화적 개인이 공중으로 거듭나는 흥미로운 공간이라고 말해야 한다. 살롱에서의 '토론'이야말로 그러한 공존과 전환을 가능하게 하는 핵심적인 요소라고 할 수 있다. "자신의 기본 생각을 토론에 부치지 않았던 사람이 거의 없"(105)을 정도였다고 할 만큼 살롱에서의 토론은 모두를 구속하는 보편적 원리였다. 부르주아 공론장의 문화적 양상이 살롱에서 꽃피었다고 말할 수 있는 것이다.

하버마스는 부르주아 공론장과 관련해 살롱과 함께 커피하우스에 주목하고 있다. 살롱이 부르주아 주택 내부에서 교양 있는 여성이 문필가와 지식인 등을 초청해 자유롭게 문화를 향유하고 토론하는 공간이라면, 커피하우스는 도시의 공적 공간을 차지하고 있던 문화적 장소로서 교양을 갖춘 부르주아 남성들만이 참여한 곳이었다(103).

유럽 최초의 커피하우스는 1647년에 문을 연 베네치아의 '라 보테가 델 카페'로 알려져 있다. 이후 베네치아에는 '커피하우스 지역'이 생길 정도로 커피하우스가 유행했다. 사람들은 커피하우스에서 "새로운 자극을 찾아 즐기기도 했고 때로는 내기 같은 것을 하며 지내기도 했다". 커피가 많은 사람들의 사랑을 받기 시작하면서 베네치아에 이어 로마에도 커피하우스가 생겨났다. 당시 인기를 가장 많이 받았던 커피하우스는 '카페 델 베네치아노'였다. 이 카페는 도박이나 파티가 주를 이루었던 '라 보테가 델 카페'와는 달리 로마 명사들의 사교클럽 성격이 강했으며 신문들이 비치되어 있어 대내외적인 뉴스를 접할 수 있는 공적 장소로 기능했다. 바로 이 점이 하버마스가 서유럽의 카페문화에서 특별히 주목하고자 한 부분이었다. 왜냐하면 그것이 부르주아 공론장의 핵심적인 요소였기 때문이다.

영국에서 커피하우스가 부르주아 문화의 본궤도로 진입한 때는 17세기 중반경이었다. 대표적으로 1660년에 만들어진 '윌의 카페'가 있다. 소유주인 윌리엄 어윈에게서 유래한 그 이름은 당대 영국 사교계 최고의 인기를 누리고 있었다. 당시 윌의 커피하우스에는 세 가지 다른 성격의 클럽이 운영되고 있었는데, 그중에서 가장 유명한 클럽이 '위티 클럽'이었다. 그것은 영국의 시인 드라이든John Dryden의 명성에 기인한 바 컸다. 또한 1712년에 윌의 카페 맞은편에 문을 연 바튼의 커피하우스도 윌의 커피하우스에 버금갈 만큼 유명했다. 윌의 커피하우스에 드라이든이 있었다면 바튼의 커피하우스에는 작가이자 정치가였던 애디슨J. Addison과 스틸R. Steele이 있었다.

17세기 영국의 문학계를 이끈 많은 인물들이 커피하우스의 문학클럽에 속해 있었다는 사실이 말해 주듯이 커피하우스는 영국 문인세계에서 매우 중요한 위상을 차지했다. 커피하우스의 명사들은 아침부터 한밤중까지 그곳에 머물곤 했고, "자신들의 특권일랑 집에 두고 오기라도 한 것처럼 주위에 있는 사람들과 허물없이 환담하곤 했다". 이러한 묘사는 매우 중요한 의미를 갖는다. 당대의 커피하우스에 드나들던 사람들은 자유로움과 평등함의 의식을 지니고 있었으며, 문학적 주제를 토론의 대상으로 삼고 있었다는 의미이기 때문이다.

사람들은 커피하우스에서 자선사업과 함께 문학적 사고를 자유롭고 세련된 스타일로 전개하는 방법을 배웠다. … 의견 교환으로 자신의 사고를 훈련하는 자는 독서를 통해 이해력을 키우려는 자보다 유연성이 있고 민감하다. 그는 간결하고 짧은 문장으로 얘기하려 한다. 귀는 눈과 달리 장시간 동안 이미지를 쫓을 수 없기 때문이다. 중류계급은 이렇게 자신들의 교육을 완성해 가기 시작했다. 커피하우스는 그들에게 의견 교환의 장을 제공했을 뿐만 아니라 계급의식에 관한 여론 형성의 길을 터 주었다. 커피하우스는 새로운 휴머니즘의 확대를 위한 우애의 매개체가 되었다. 그리고 작가는 이 같은 집회 장소에서 그 시대의 사상과 정서를 접할 수 있었다(볼프강 융거, 『카페하우스의 문화사』, 2002).

문학 토론의 장소로서 커피하우스는 비단 영국만의 모습은 아니었다. 프랑스에서 또한 같은 움직임을 관찰할 수 있다. 프랑스 최초의 커피하우스는 1689년 코메디 프랑세즈 앞에 문을 연 '카페 프로코프'였다. 이탈리아 피렌체 출신의 프로코프 쿨텔리가 개점한 이 카페는 파리 문학인들의 근거지가 되어 갔다. 볼테르와 루소를 비롯한 저명한 문인들이 활발하게 교류한 장소가 카페 프로코프였다. 연극과 오페라 등 당대의 문학과 예술에 대한 의견과 비평이 이 카페의 분위기를 압도하곤 했다.

한편, 하버마스에 따르면 같은 시기 독일에서는 부르주아 도시가 영국과 프랑스에서만큼 광범위하게 형성되지는 않았는데, 그 사실은 곧 살롱과 커피하우스 같은 문화적 장소들이 활발하게 들어설 토대가 확립되지 못했음을 의미한다. 그렇다고 해서 독일에 커피하우스가 전혀 없었다는 것은 아니다. 17세기 초부터 몇몇 도시에 문을 열었지만 상황은 전혀 긍정적이지 않았다. 베를린과 같은 도시에서, 커피를 마시는 일은 '부자연스러운' 것으로 간주되는 분위기였다. 커피와 커피하우스에 대한 부정적인 사고는 정부만이 아니라 일반인들 사이에도 널리 퍼져 있었기 때문에 독일에서 커피하우스의 성장을 기대하기는 어려운 일이었다. 대신에 지식인들의 만찬회와 학회 등이 조직되어 문학 토론과 교양의 교류를 이끌어 나갔다.

지금까지 살펴본, 부르주아 문화의 지배적인 양상으로 기능한 살롱과 커피하우스 그리고 독일의 만찬회 등은 그 원리와 주체가 상이하긴 하지만 그럼에도 공통적으로 "사적 개인들 간에 벌어지는 지속적 토론을 조직화하"(107)는 공간의 의미를 지닌다. 이러한 사실로부터 하버마스는 이들 사이에 존재하는 공통의 제도적 특성들을 끌어내고 있다.

첫째, 이 장소들에서는 "지위의 평등이 전제된 것이 아니라 지위 자체를 도외시하는 사회적 교제가 요구되"었다. 이때 말하는 지위는 관직의 차이에서 도출되는 권력과 위신만이 아니라 경제적 지위를 포함한다. 즉, 그곳에 참여한 사람들은 자신의 관직이 무엇이든, 경제적 부가 얼마나 되었든 모두 인간으로서의 동등함으로 만났다는 말이다(107).

둘째, 그곳에서의 토론은 "지금까지 의문시되지 않았던 영역의 주제를" 다룰 것을 전제로 했다. 의문시되지 않은 주제들이란, 달리 말하면 해석의 독점 아래에 있던 주제를 의미한다. 이 토론의 공간은 교회와 국가가 지니고 있던 철학과 문학과 예술에 대한 독점적 해석권을 부정하고 모든 것을 "일반적으로 접근할 수 있는 것"으로 전환해 내고자 했다. 그것들은 "더 이상 교회의 공공성이나 궁정의 공공성 과시를 위한 구성요소가 아니"게 되었다. 그 공간에서는 "합리적 의사소통을 거쳐 작품의 의미를 자율적으로 찾고 북돋우며, 밖으로 표현되지 못했기 때문에 오랫동안 권위적 힘을 가질 수 있었던 것을 밖으로 표현"하는 것이 참된 해석을 찾아가는 길로 받아들여졌다(107-108).

셋째, 이 공간에 참여한 개인들은 공중이라는 집단적 토론 주체로 통합되어 있었다. 이때의 공중은 폐쇄성과 배타성을 벗어나 개방성과 공개성을 지향하는 주체로 성립한다. 왜냐하면 "공중은 모든 사적 개인들 ─유산자이며 교양인, 대상들을 토론에 부치는 시장을 거쳐 자신을 독자, 청자, 관중으로 놓을 수 있는 사람들— 로 이루어진 보다 포괄적인 공중 속에서 언제나 자신을 이해하고 발견하기 때문이다". 공중들은 토론 가능한 모든 주제들에 참여할 권리를 지니고 있다는 면에서 동등성을 보유한다(108-109).

이렇듯 살롱, 커피하우스, 만찬회와 같은 부르주아 문화 공간에 참여한 사적 개인들은 의사소통의 관점에서 매우 중대한 경험을 하게 된다. 그 공간에 들어온 이상 모두는 지위와 부의 높고 낮음과 무관하게 모두 인간 일반의 동등함으로 만난다. 선험적인 권위를 인정하지 않은 채 일체의 사회적 주제를 집단적 토론을 통해 검증해야 할 대상으로 전환하고, 스스로 공중의 일부로 위치해 개방적 토론의 주체로 참여할 권리와 능력을 갖는다.

하버마스는 이러한 공중의 형성과 관련해 신문과 잡지 등 인쇄 미디어의 역할에 특별히 중요성을 부여한다. 그는 영국의 커피하우스에서 토론을 매개한, '도덕적 주간지'로 불린 신문과 잡지의 예를 통해 논의에 접근한다.

스틸과 애디슨이 1709년 〈태틀러*Tatler*〉 창간호를 발간했을 때 커피하우스는 이미 수없이 많아졌으며 커피하우스 방문 집단도 매우 광범위한 상태였다. 따라서 이런 수천 개 집단들이 서로 접촉하는 일은 오직 하나의 신문을 통해서만 보장될 수 있었다. 이와 동시에 새로운 잡지는 커피하우스에서의 생활과 밀접히 얽혀 있어 개별 호들로부터 그 생활을 직접 재구성할 수 있을 정도였다. 커피하우스의 공중은 신문기사를 토론 대상으로 삼았을 뿐만 아니라 이 토론의 구성요소로 여겼다. 이러한 사정은 수많은 잡지들의 홍수가 보여 주는데 편집자들은 이 잡지들로부터 일부를 매주 신별하여 출판하였다(116).

〈태틀러〉 외에 〈스펙테이터*Spectator*〉, 〈가디언*Guardian*〉 등을 추가로 언급할 수 있다. 위 인용문이 말해 주듯이, 이러한 인쇄 미디어들의 힘은 커피하우스와 그곳에 참여한 사람들이 공간적·지리적 한계를 초월해 서로 정보를 공유하고 토론할 수 있는 큰 규모의 공중으로 결집하게 하는 데 있었다.

신문과 잡지를 매개로 공중으로 결합한 부르주아 계급의 남성들은 우선적으로 문학과 예술을 토론 주제로 삼았지만 그 주제에 국한하지 않고 사회적 주제들로 확장해 나갔다. 인쇄 미디어들을 도덕적 주간지로 명명한 데에는 이 매체들이 문학에 관한 토론을 넘어 사회적 예절과 도덕에 관한 비판적 토론의 자리를 제공했다는 사실로 설명된다. '자선모임과 빈곤층 학교', '교육제도의 개선책', '예의 바른 인간관계', '도박의 해악', '광신', '문예 애호가들의 몰취미', '학자의 괴팍한 언행' 등이 커피하우스에서의 주요한 논쟁 주제들이었다(117). 이러한 도덕적·사회적 주제들에 관한 토론은 서유럽 부르주아 공론장이 문예적 공론장에서 정치적 공론장으로 확장하는 데 중요하게 기여한 요소였다.

프랑스 사회학자 타르드Gabriel Tarde는 『여론과 군중』에서 살롱, 커피하우스, 만찬회와 같은 대화영역과 신문으로 대표되는 정보영역이 공중의 형성에 얼마나 중요한 역할을 수행하는지를 밝히고 있다. 타르드에게서 여론과 공중은 '혼과 몸의 관계'에 유비될 만큼 서로 밀접한 관련을 맺고 있다. 공중이라는 집단이 존재하기 위해서는 여론이라는 영혼을 지녀야 한다는 말이다. 공중이라는 집단적 전체의 본질인 여론을 만들어 내는 길로서 타르드는 대화와 신문을 들고 있다. "직접적이고 즉각적인 유용성 없이 주고받는 이야기를 뜻"하는 대화를 통해 사람과 사람은 만나고 교류한다. "대화는 사람들이 서로 주는 자발적인 주의의 절정을 나타"내는 것이며, "이 자발적인 주의를 통해 사람들은 그 어떤 사회적 관계에서보다 훨씬 더 깊이 상호침투한다". 또한 "대화는 사람들을 대면하게 하면서 그들이 무의식적이면서도 어찌할 수 없는 작용을 통해 의사소통하게 한다". 이러한 의미의 대화가 일어나는 가장 주목할 만한 근대적 공간으로 타르드는 살롱을 들고 있다. 사람들 사이의 친밀성과 수평적 교류라는 인간적 효과를 산출하는 것이 대화라면 신문은 정치적인 기능에 더 깊이 연결되어 있다고 주장한다. '공공정신'을 견인하고 확산해 내는 신문은 절대군주제가 여론이라는 집단적 의견을 고려하지 않을 수 없게 했고 근대적 정치체가 수립된 이후 의회로 대표되는 정치영역이 여론을 반영하면서 정치행위를 수행하게 만들었다. "의회는 여론의 주요한 표출 장소 중 하나인 동시에 여론을 자극하는 장소 중 하나"가 되었다.

지금까지 서유럽 부르주아 사회에서 문예적 공론장의 형성과 원리 그리고 그것이 갖는 문화사적 의의를 살펴보았다. 아래 하버마스의 인용문이 지금까지의 논의를 명쾌하게 정리해 주고 있다.

공중의 영역은 부르주아의 폭넓은 계층들에서 처음에는 핵가족의 친밀성의 영역을 확장하고 보충하는 것으로 발생한다. 거실과 살롱이 한 지붕 밑에 동시에 존재한다. 그리고 전자의 프라이버시가 후자의 공공성에 의존하고 사적 개인의 주체성이 처음부터 공개성과 관계하고 있는 것처럼, '픽션'으로 된 문학에서도 양자는 통합된다. … 공중으로 결집한 사적 개인들은 읽은 것에 대해 공적으로 토론하며 그것에 대한 계몽을 공동으로 수행한다. … 이들을 통해 공중이 형성되는데 이들은 살롱, 커피하우스, 만찬회와 같은 초기 제도들에서 성장해서 신문과 전문적 신문 비평의 중계망을 통해 결속된 공중이다. 살롱, 커피하우스, 만찬회는 핵가족의 친밀성에서 유래하는 주체성이 자신과의 의사소통을 통해 자신에

관한 명확함에 도달하는 문학세계 내 합리적-비판적 토론의
공론장을 형성했다(126~127).

이러한 문예적 공론장과 그 속에서 활동하는 문예적 공
중이 어떻게 정치적 성격을 띠고 정치적 기능을 수행하게
되는가를 살펴보는 것이 다음 장의 주제다.

6장
부르주아 공론장의 정치는 무엇을 지향하는가
– 공론장의 민주주의 기획

서유럽 부르주아 도시의 살롱, 커피하우스, 만찬회 같은 문화와 지식의 공간에서 신문 등 정보매체를 매개로 형성된 문예적 공론장은 정치영역으로 진입해 정치적 공론장으로 변모해 나갔다. 부르주아 사회가 구축하고 실천해 나간 정치적 공론장은 당대 정치권력의 존재성을 비판적으로 성찰하는 일, 즉 권력의 정치적 정당성을 문제 삼고, 정치적 주장과 의사를 관철하기 위해 공적 여론으로 불리는 집단적 의견을 동원하려는 행위양식에 그 본질적 측면이 있었다.

하버마스에 따르면 이와 같이 "정치적으로 기능하는 공

론장은 18세기로 진입하는 문턱의 영국에서 처음으로 발생한다"(135). 그렇다면 '18세기로 진입하는 문턱의 영국'에서 왜 정치적 공론장이 제일 먼저 생겨났을까? 이에 답하기 위해서는 17-18세기 초반 영국의 사회적 특수성을 추적할 필요가 있다.

하버마스가 주목하고 있는 영국적 상황들의 하나는 자본주의가 발전하고 그에 따른 계급 대립이 본격적으로 감지되기 시작했다는 점이다. 17세기 후반기 영국에는 "이미 섬유제조업, 금속산업, 제지산업 등에서 수많은 산업이 출현하고 확장되어 나갔다". 자본주의가 발달하기 시작한 영국에는 지주이익과 자본이익이라는 전통적인 대립에 더해 상업자본, 수공업자본, 산업자본, 금융자본 간의 새로운 이익 갈등이 생성되고 있었다(135-136).

영국에서 자본주의의 선구적 발전은 대규모 농업노동력의 임금노동자화를 가져온 엔클로저Enclosure 운동 등 경제 부문 내의 근본적인 변화에 기인하지만 정치적 변화와 깊이 관련되어 있기도 하다. 하버마스는 영국 자본주의의 성장과 관련해 혁명 이후에 자본 부문 전체가 대립구도 속으로 들어가게 되었다고 지적하는데, 여기서 말하는 '혁명'이란 1688년의 명예혁명이다. 정치적 관점에서 명예혁명은 온건하고 타협적인 방식으로 영국 민주주의를 구현한 결정적 사건으로 등장하지만 경제적 관점에서 그것은 자본주의의 본격적인 성장을 위해 다양한 제도적 토대를 구축하는 중대한 계기이기도 하다. 하버마스는 명예혁명 직후인 1694년, 영국은행 설립이라는 역사적 사실 속에서 영국 자본주의가 새로운 도약 단계로 접어들었음을 인식했다(136).

명예혁명 과정에서 영국의 부르주아 계급은 국왕 제임스 2세를 몰아내는 것에 공통의 이해관계를 지니고 있었다. 그들은 제임스 2세의 딸 메리와 그의 남편 오렌지 공을 새로운 왕으로 추대함으로써 혁명을 승리로 이끌기 위한 정치적 연합을 구축할 수 있었다. 1689년에 제정된 권리장전이 말해 주듯이 부르주아 계급은 명예혁명의 결과로 국왕과의 관계에서 뚜렷한 정치적 우월성을 확보했다. 이는 의회가 정치의 중심에 서게 되었음을 의미한다.

자본가계급인 그들은 경제적 기반의 관점에서 뚜렷한 균열을 보이면서 세력화되어 있었다. 영국 자본주의의 급속한 발전 과정이 가져온 결과라고 할 수 있다. 영국 부르주아 계급은 대지주계급으로 결합한 세력과 신흥 자본가계급이 결속한 세력이 정치적으로 대립하고 있었는데, 이것이 근대적 의미의 정당으로 구체화된다. 영국 정당의 역사에서 전자를 토리당으로, 후자를 휘그당으로 부른다.

이제 대립하는 부르주아 정치세력은 의회 안에서 그리고 의회 바깥에서 각각 자신들의 이념적 대의와 정책들을 정당화하고 더 많은 지지를 결집하기 위한 정치적 경쟁에 몰입한다. 특히 18세기 초반부터, 국정에 큰 관심이 없는 군주들이 내각 임명권을 의회로 이관하면서 의회가 입법권과 함께 조각권까지 갖는 막강한 권력체로 성장함에 따라 정당들 간의 정치적 경쟁은 한층 더 가속화될 운명에 처한다. 이와 같은 정치적 분위기로 말미암아 영국사회에서 정치적 공론장의 문이 열리기 시작한다.

하버마스가 지적하고 있듯이 1670년대에 영국에는 커피하우스의 정치적 위험성에 대한 인식이 퍼져 있었고 그에 따라 통제의 필요성도 제기되었다. 하지만 권력비판이 이루어진 곳은 커피하우스만이 아니었다. 하버마스는 한 연구서(C. S. Emden, *The People and the Constitution*, 1956)의 일부를 인용하고 있다.

> 사람들은 커피하우스에서만이 아니라 공적이거나 사적인
> 다른 장소와 다른 모임에서도 자신들이 이해하지 못하는 것
> 을 떠들어대고, 폐하의 선한 백성의 마음에 심대한 질투와
> 불만을 만들고 주입하려 노력하면서 국사를 비난하고 중상
> 할 자유를 지니고 있는 것으로 생각해 왔다(137).

그러나 이미 부르주아 계급의 정치적 우세가 확고하게 형성된 구조 속에서 권력 비판이 작동하는 공론장에 대한 규제와 통제는 현실적으로 용이한 일이 아니었다. 우리는 이러한 맥락에서, 하버마스가 지적하고 있는 '사전 검열제도의 철폐'에 주목할 필요가 있다. 영국 의회는 1685년에 연장된 '출판허가법Licensing Act of Press'의 갱신을 1695년에 거부했다. 이러한 정치적 의지는 사전 검열제도의 유지를 권고한 국왕의 태도와는 대립하는 것이라는 점에서 중요한 의미를 갖는다. 물론 그렇다고 해서 영국 언론이 전적으로

자유로운 상태에 놓여 있었던 것은 아니다. "신문은 계속해서 명예훼손법Law of Libel, 국왕과 의회의 수많은 특권이 구사하는 제한조치들에 종속되어 있었다"(138). 그 결과 "출판물의 부피는 줄어들고 몇몇은 완전히 사라져 버리기도 했다. 하지만 그 모든 것에도 불구하고 다른 유럽국가와 비교했을 때 영국 언론만이 자유를 누렸다"(138).

상대적으로 자유로운 영국 언론환경이 이념과 정책 대결을 통해 정치적 우세를 점하려는 정당들의 공론활동과 밀접하게 결합하면서 정치적 공론장의 본격적 형식이 만들어지기 시작했다. 하버마스는 이러한 움직임의 선구적 인물로 할리Robert Harley를 언급한다. 휘그당원으로 정치를 시작한 할리는 언론을 정치적으로 이용하는 일의 중요성을 인식한 선구적 정치가였다. 그는 1703년에 『로빈스 크루소Robinson Crusoe』의 작가 디포Daniel Defoe를 그러한 정치적 임무를 수행하기에 적합한 인물로 끌어들였다. 디포는 할리의 후원 아래에서 1704년부터 〈리뷰Review〉(정확히는 *A Review of the Affairs of France*)를 발간했다. 1713년 중단될 때까지 주 3회 발간된 일종의 외교신문이었다. 물론 디포만이 아니라 다른 여러 문필가들이 정치적 정보들을 다루고 해석하는 저널들을 발간했고 그것들은 커피하우스와 같은 공적 공간만이 아니라 가정과 사적 클럽과 같은 장소로 들어와 정치적 공론을 위한 매개체로 기능했다.

사람들은 디포의 〈리뷰〉, 터친Tutchin의 〈옵저베이터Observator〉, 스위프트J. Swift의 〈이그재미너Examiner〉에 대해 클럽, 커피하우스, 집, 거리에서 토론하였다. 월폴Walpole과 볼링브룩은 스스로 공론장에 다가갔다. 포프A. Pope, 게이J. Gay, 아버스넛J. Arbuthnot, 스위프트와 같은 사람들에서, 애디슨과 스틸이 문학과 저널리즘을 결합한 것에 필적하는 문학과 정치학의 독특한 결합이 만들어진다(138).

하노버 왕조의 국왕 조지 1세 아래에서 국가권력을 장악한 정치세력은 휘그당이었다. 월폴이 이끄는 휘그당의 수십 년 장기지배가 시작되면서 야당인 토리당은 볼링브룩의 지도력으로 여당의 언론정치에 맞서 자신들만의 언론정치를 실천해 나갔다.

야당 토리당의 언론정치에서 하버마스가 가장 주목하고
자 하는 부분은 여론의 정치적 동원이 본격적으로 일어나
고 그 결과 '대규모의 정치적 저널리즘'이 형성되기 시작했
다는 점이다. 하버마스는 크룩센K. Kluxen의 관찰에 의거해
그러한 논점에 도달하고 있다.

   야당이 만들어 낸 혁신은 대중적 여론 창조였다. 볼링브룩
   과 그의 동료들은 동일한 목표를 향하게 하고 유사한 의지력
   을 제공함으로써 정치적 필요를 위해 동원 가능한 여론을 어
   떻게 형성할 수 있는가를 잘 알고 있었다. 민중 선동과 연호,
   소요와 군중집회는 참신한 것이 아니었다. … 또한 정기적인
   공공집회도 아직까지 없었다. … 오히려 이 공적 의견은 다
   른 요인에 의해 움직이고 있었다. 그것은 정부에 맞서서 자
   신을 주장하는 방법을 알고 있고 정부에 대해 비판적 평론과
   공적 반대를 정상적 지위에 올려놓았던 독립적 저널리즘의
   형성이었다(139).

   1726년에 출간된 스위프트의 〈걸리버Gulliver〉, 포프의 〈던

시어드*Dunciad*〉, 게이의 〈페이블스*Fables*〉와 같은 풍자문학과 볼링브룩의 〈크래프츠먼〉과 같은 신문 등을 그러한 독립 저널리즘을 이끈 주요 매체의 사례들로 언급할 수 있다.

이 언론들은 의회와 대중들을 정치적으로 매개하는 기능을 수행한다. 이와 같은 중계 장치를 통해 "정치적 대립은 토론 공중을 매개로 한, 여당과 야당 사이의 지속적 논쟁의 형태를 띠게 된다. 이러한 토론은 일상적 안건을 넘어 기본적으로 '정치적 주제들'에까지 이르렀다"(143). 여기서 말하는 정치적 주제들은 "권력 분립, 영국의 자유, 애국심과 부패, 정당과 파벌, 정부 여당과 야당의 새로운 관계의 적법성 문제, 심지어 정치적 인간학의 기본 문제들에까지 이어졌다"(143).

언론이 촉각을 곤두세우고 기사화하는, 정치에 대한 대중들의 생각은 의회와 정당이 관심 있게 관찰해야 할 의견이 되었고, 그러한 방향에서 '인민의 감정sense of the people', '일반적 의견common voice', '인민의 일반 외침the general cry of the people'과 같은 개념들이 만들어지고 유포되었다(144). 이것들은 여론의 형성과 발전의 관점에서 매우 중요한 계기가 되는 개념이다. 왜냐하면 앞서 언급한 것처럼, 의견이 사적인 생각과 견해라는 부정적 규정을 넘어 공공의 개념과 결합함으로써 여론으로 나아가는 힘을 그러한 개념의 등장 속에서 얻었다고 말할 수 있기 때문이다.

하버마스는 영국 정치사의 18세기 후반에 주목하고 있다. 영국에서 가장 저명한 신문인 〈타임스*Times*〉가 창간된 해가 1785년인데, 그즈음 '정치적으로 논의하는 공중들'의 공적 집회 규모와 횟수가 눈에 띄게 증가하고 있었기 때문이다(144). 18세기 말엽에 이르러 의회는 이 여론의 중요성과 위상을 공식적으로 인정한다. 하버마스는 1792년 폭스 Charles James Fox의 의회연설을 인용하고 있다.

여론을 묻는 것은 확실히 올바르고 현명한 일이다. … 만일 여론이 내 의견과 일치하지 않는다면, 만일 그들에게 위험을 지적한 후에도 그들이 나와 같은 관점으로 그 위험을 보지 않는다면 또는 그들이 내 것보다 다른 대책을 더 선호할 만하다고 생각한다면, 나는 내가 물러서는 것이 왕에 대한 나의 의무, 나의 조국에 대한 의무, 나의 명예에 대한 의무라고 생각해야 한다. 그 결과 그들은 적절한 수단들을 통해 그리고 자신들과 함께 숙고하는 사람들을 통해, 더 낫다고 생각하는 계획을 추구할 것이다. ⋯ 그러나 한 가지 확실한 것은 의견을 형성할 수단을 공중에게 제공해야 한다는 점이다 (145).

하버마스에 따르면 폭스가 이야기한 '의견 형성의 수단'이란 '공적 토론'이다. 이제 여론은 의견 교환의 과정을 통해 형성되는 이성적이고 합리적인 의견들의 집합이라는 개념으로 발전한다.

영국의 정치적 공론장에 대한 관찰을 지나 하버마스는 '대륙적 변형'이라는 제목 아래에서 프랑스와 독일을 관찰하고 있다. 영국의 역사적 사례분석과 관련해 하버마스는 출판허가법의 폐지와 같이 자유로운 언론환경 조성에 유리한 제도적 변화를 지적했다. 그 기준에서 볼 때 프랑스는 혁명 이전 시기까지 정반대의 정치적 상황에 놓여 있었다. "검열관의 동의가 없이는 한 줄도 인쇄될 수 없었"고, "정치적 저널리즘은 발전할 수 없었으며 전체 정기간행물의 수도 옹색할 뿐이었다". 심지어 관보官報조차 사람들의 큰 관심을 받지 못한 실정이었다(147).

18세기 프랑스의 언론 상황이 그러했다면, 프랑스에서 정치적 공론장 형성이 활발하게 이루어지지 못했을 것이라는 점을 쉽게 짐작할 수 있다. 앞서 살펴본 것처럼, 프랑스에는 부르주아 문화와 지식의 공간으로서 살롱이 상당히 발달해 있었지만 그것은 문예적 공론장의 문턱을 넘어서지 못했다. 하버마스는 이에 대해 "18세기 전반 '철학자들'은 종교, 문학, 예술을 우선적으로 비판했다"(149)고 말하고 있다. 하버마스는 부르주아 공론장의 정치화가 활발하지 못한 프랑스의 18세기와 관련해 또 하나의 문제를 지적하고 있는데, 그것은 부르주아가 신분제의 엄격한 틀을 넘어서지 못한 상태였다는 사실이다. 말하자면 "부르주아 의회의 봉건적 역할과 상층 부르주아의 귀족에 대한 순응이 보여 주듯이 많은 경우 부르주아는 아직 신분국가에 포위되어 있었다"(148)는 것이다.

하지만 18세기 후반부터 상황 변화가 감지되었다. 정책결정 과정에서 여론의 중요성이 고려되기 시작한 것이다. 여기서 하버마스가 초점을 맞추는 인물이 네케르Jacques Necker다. 스위스 태생의 네케르는 1777년 루이 16세의 재무총감으로 임명되었다. 그는 1781년 프랑스에서 최초로 재정보고서를 간행해 국가재정에 관한 정보를 공개했다. 국가재정의 위기를 경고하기 위함이었다. 이 일로 네케르는 재무총감에서 해직되었지만 그의 해임에 대한 비판의 목소리 덕분에 1788년 다시 재무총감에 취임할 수 있었다. 프랑스혁명의 도화선이 된 삼부회의 소집은 이 상황과 밀접한 관련을 맺는다. 하버마스는 네케르에 대해서, 아직까지 명백한 모습으로 드러나지는 않았지만, 부르주아 공론장 문화에 잠재되어 있던 여론의 정치적 잠재력을 선구적으로 인식한 사람으로 평가하고 있다. 결국 이 에피소드는, 모호하긴 하지만 여론으로 포괄되어 있던 비공식적인 의견들이 국가적 결정 과정에 정치적 영향력을 행사한 최초의 사건이라는 의미를 갖는다.

그런데 18세기 후반의 프랑스 궁정에서, 특히 네케르와 같은 정치인이 왜 여론으로 불리는 정치적 목소리에 민감하게 반응했는가에 대해 하버마스는 직접적이거나 배경적인 설명을 하지는 않고 있다. 하버마스가 지적한 대로 프랑스 언론의 상황이 여론의 정치적 영향력을 형성할 만큼 활성화되지 않았다면, 무엇이 18세기 후반의 정치에서 여론의 중요성을 가져왔는가에 대해 묻지 않을 수 없다. 『프랑스혁명의 문화적 기원』을 쓴 샤르티에R. Chartier는 프랑스혁명 이전 "구체제Ancien Régime의 마지막 20년 동안 비판적이고 고발적인 문학작품들의 대규모 확산"을 관찰할 수 있다고 말했다. 그러한 문학작품들은 군주제의 근간이 되는 이념과 가치들 그리고 그것들을 구현해 온 의례적 형식들을 뒤흔들었다. 문학의 정치화가 시작된 것이다.

프랑스혁명 중에 본격화되고 활성화된 정치적 공론장은 혁명이 전진과 역진을 반복했던 만큼이나 그 운명이 순탄치 못했다. 하버마스는 프랑스 공론장의 역사를, 명확한 이유 없이, 1789년 혁명의 발발로부터 1830년 7월혁명 기간까지로 제한적으로 다루고 있으며, 그 내용 또한 대단히 압축적이어서 프랑스 공론장의 특성을 충분히 파악하기는 쉽지 않다. 하버마스에 따르면 프랑스의 정치적 공론장은 1789년 8월 26일에 선포된 「인권과 시민권 선언Déclaration des _droits de l'homme et du citoyen_」으로 그 최초의 법률적 정당성을 확보한 뒤 1791년의 헌법에서 "사상과 의견의 자유로운 전달은 인간의 가장 귀중한 권리의 하나"라는 조항으로 다시 한 번 확증된다. 이러한 법률적 정당성의 토대 위에서 혁명에 참여한 여러 '클럽적 정당들'이 자신들의 대의와 가치를 전파할 기관지들을 경쟁적으로 만들어 내면서 정치적 공론장이 활발하게 작동한다. 혁명 속의 정치적 공론장은 혁명의회의 논의와 결정들을 보도하고 의회 바깥의 정치적 목소리를 모으고 전달하는 기능을 수행했다.

1793년 헌법에서도 명시적으로 보장된 언론의 자유와 그에 기초하고 있는 정치적 공론장의 힘은 나폴레옹의 등장으로 역전된다. 1800년 1월의 쿠데타로 권력을 잡은 나폴레옹은 "출판의 자유를 전면적으로 폐지"했고 제1제정 체제하인 1811년부터는 정부기관지 이외엔 최소한의 신문만을 "그것도 엄격한 검열하에서 허용할 뿐이었다". 1814년에 복귀한 부르봉 복고왕정은 형식적으로는 언론의 자유를 존중하겠다고 했지만 실제로 반정부 언론활동을 수행하기는 용이하지 않았다. 통제되고 억제된 정치적 공론장은 7월혁명과 7월왕정의 수립으로 이어지는 자유주의 정치체제에서 다시 활성화되기에 이른다(153).

하버마스가 기술하고 있는 프랑스혁명 이후 정치적 공론장의 특성은 점진적이고 안정적으로 발전한 영국과는 달리 불안정하고 불연속적으로 운동해 나갔다는 데에서 찾을 수 있다. 또한 프랑스혁명이 부르주아혁명으로 시작했지만 이후 인민혁명으로 확장되어 나갔던 만큼 정치적 공론장 또한 온전히 부르주아 공론장이라고 부를 수 없을 듯하다.

영국의 정치적 공론장이 명예혁명 이후, 즉 부르주아 지배체제가 확립된 이후 언론과 의회와 정당의 결합으로 구축된 것이고, 프랑스에서 정치적 공론장이 혁명 과정의 불안정성과 계급적 이질성을 반영하는 것이라면, 독일의 정치적 공론장은 근대적 체제를 향한 본격적인 정치운동이 존재하지 않는 상태에서 18세기 후반부터 부르주아 중심의 독서회 형태로 작동하고 있었다. 이 독서회는 당시 정치적 성격의 잡지들을 함께 읽고 토론하면서 공적 의견을 만들어 내려는 욕구의 공간이었다. 대표적으로 당시 궁정에서 가장 싫어하고 경계해 마지않던 〈슈타츠안차이겐

Staatsanzeigen〉과 같은 잡지를 들 수 있다. 정치 토론을 위해 독서회가 함께 구독하던 잡지들과 그 발행인 그리고 평론가들은 권력에 의해 가혹한 탄압의 대상이 되어야 했다. 하버마스는 이러한 사실들을 "공론장의 비판적 힘을 상징적으로 보여 주"(156)는 일이라고 해석하고 있다.

18세기 유럽의 영국, 프랑스, 독일에서 정치적 공론장은 각각 역사적 특수성을 반영하면서 형성되었지만, 그 본질적 차원에서는 언론을 통한 여론 형성을 주요한 정치적 수단으로 삼아 국가권력에 대한 비판과 저항을 시도한 공간이라는 공통의 의미를 지닌다.

그런데 하버마스는 18세기 부르주아 사회, 정치적 공론장의 깊은 본질을 이해하기 위해서 그 사회를 관통하는 경제 개념인 '자유로운 시장'을 파악해야 한다고 말하고 있다. 그는 다음과 같이 이야기한다.

정치영역에서 공론장의 기능이 (영국과 대륙에서) 부상하게 되는 과정에 대한 역사적 논의가 공중, 신문, 정당, 의회 사이의 제도적 연관과 권위 및 (내각의 중대한 통제의 원리로서)

공개성의 대결에 관한 것으로 국한되는 한, [그 논의는] 추상적인 채로 남게 된다. 그 논의는 18세기에 공론장이 정치적 기능을 담당했다는 사실을 입증할 수는 있지만 그 기능의 유형 자체는 상품 교환과 사회적 노동이 정부 감독으로부터 광범위하게 해방되는 전체로서 시민사회 발전의 역사적 특정 단계와의 관련 속에서만 파악할 수 있다. 그러한 과정이 잠정적으로 완결되어 가는 정치질서 속에서 공론장이 중심적 역할을 수행했다는 사실은 결코 우연이 아니다(157).

18세기 부르주아 공론장의 정치적 기능은 하버마스가 '시민사회civil society'로 명명하고 있는, 부르주아 사회의 물질적 특성에 본질적으로 연관되어 있다는 뜻이다. 18세기 서유럽 부르주아 사회의 경제적 질서는 근본적으로 자본주의 시장 원리에 토대하고 있었다. 이 시장은 경제적 욕구와 합리적 판단력을 지닌 사적 개인들의 자유로운 교류로 작동하는 사회적 장소다. 이 원리는 유럽 자본주의 발전의 특정한 단계를 이끈 중상주의 경제와 근본적으로 대립하고 있다. 왜냐하면 부르주아 시장경제 모델은 중상주의 모델의 핵심적 요소인, 국가와 같은 정치권력체가 경제에 개입하고 규제하는 것을 거부하고 있기 때문이다. 부르주아 시장경제가 국가라는 경제 외적 주체의 개입을 받아들이지 않는 본질적 이유는 경제 내적 원리에 대한 절대적 믿음 때문이다.

부르주아 사회의 이념에 따르면 자유경쟁체제는 자기조정 능력을 지니고 있다. 이 체제는 어떠한 경제 외적 심급도 교환교역에 개입하지 않는다는 조건에서만 모든 사람의 복지와 개인적 성취력 기준에 따른 정의에 맞게 기능할 수 있다 (164).

공권력으로부터 자유로운, 내적 자율성으로 운동하는 시장경제 원리는 '사적私的, private'이라는 용어로 지칭되며, 근대 사법私法, private law이라는 법률적 형식으로 제도화되고 있다. 하버마스에 따를 때, "사적이란 말의 적극적 의미는 자본주의적으로 기능하는 소유에 대한 자유로운 처분권 개념에서 형성된 것이고", "사적 개인들 상호 간의 관계를 원칙적으

로 사적 계약으로 환원하는 사법체계는 자유로운 시장교류
법칙에 따라 형성되는 교환관계를 결정적인 것으로 상정한
다"(158)는 말이다.

부르주아 사회 내부에서 진행된 국가권력에 관한 철학적
사유는 그와 같은 시장의 원리에 대한 절대적 신뢰 속에서
도출되고 있다. 시장과 달리 국가권력은 예측 가능하지도
않고 합리성의 원칙과 기준을 따르는 것도 아니다. 따라서
국가권력이 시장의 영역에 과도하게 개입하게 되면 시장
의 자율적 원리가 침해되거나 붕괴되는 결과가 초래될 것
이다. 그런 점에서 국가권력은 시장에 대한 개입과 관련해
자기 '권한영역의 한계'를 준수해야 하고 '법적 형식'에 의해
통제되어야 한다. 이 두 가지 속에서 '부르주아 법치국가'의
근본 원칙이 등장한다(165). 그것은 곧 자유주의 국가이념
이다.

그렇다면 이러한 정치적 차이와 긴장의 구도 속에서 정
치적 공론장은 어떠한 위상과 역할을 수행하는가? 부르주
아 사회의 정치적 공론장은 국가권력의 과도한 개입과 간
섭으로부터 부르주아 사회의 물질적·경제적 기반인 시민

사회의 내적 원리를 지켜 내기 위한 이념적 진지가 된다. 하버마스가 제공하고 있는 아래의 표가 공론장의 위상과 역할을 잘 말해 주고 있다.

사적 부문(private realm)		공권력영역 (sphere of public authority)
시민사회(상품 교환과 사회적 노동의 영역) 핵가족의 내부 공간 (부르주아 지식인)	정치적·문예적 공론장(클럽, 신문, 문화적 재화시장) '도시(town)'	국가('치안' 부문) 궁정(귀족 사교계)

여기서 우리는 '부문realm'과 '영역sphere'을 구분할 필요가 있다. 부문은 영역들로 구성되는 포괄적 개념으로서, 부르주아 사회의 사적 부문은 사적 영역private sphere(가정, 경제)과 공공영역public sphere, 즉 공론장으로 이루어져 있다.

표에서 알 수 있는 것처럼 정치적 공론장은 '사적 부문'에 속해 있다. 그것은 곧 시민사회의 경제적 주체들과 부르주아 가족의 가부장적 주체들이 활동하는 공간이라는 뜻이다. 하지만 그에 더해 부르주아 공론장은 시민사회와 부르주아 핵가족으로 구성되는 사적 영역과 공권력영역 사이에 위치하면서 공권력의 개입으로부터 사적 영역의 자율성을 지키는 방어막이라는 점에서 사적 부문에 속해 있다.

정치적 공론장은 그 내부에서 형성되는 여론의 힘으로 시민사회와 부르주아 가족에 대한 공권력의 정치적 간섭을 통제하려 한다. 또한 정당을 필두로 하는 정치적 집단들과의 결속 또는 압력을 통해 여론을 법률적 형식으로 만들어 국가권력이 자의적으로 사적 영역에 개입하는 것을 합리적으로 규제하려 한다. 이러한 정치적 논리를 정당화하기 위해 부르주아 사회의 공론장에는 여론의 정치적 규범성, 여론과 법의 관계, 권력 정당성 등에 관한 철학적·정치학적 논제들이 토론 주제로 부쳐지고 정치적 명제로 확립된다. "법이란 여론으로부터 출현하는 것"이며, "법치국가란 여론에 의해 정당화되는 규범화체계에 모든 국가활동을 구속하는" 국가다. "입법은 비록 그것이 '권력'으로 구성되어 있더라도 어떤 정치적 의지의 결과물이 아니라 합리적 합의의 결과물이어야" 하며, "권위가 아니라 진리가 법을 만든다"(167-168). 궁극적으로 "정치 부문의 기능요소로서 공론장은 권력 문제 자체를 토론에 올린다. 이 공론장이 의지를 이성으로 전환시키는데, 말하자면 사적 논증들의 공적 경쟁 속에서 모두의 이익에 실제로 필수적인 게 무엇인가에 대한 합의를 도출한다는 것이다"(168).

여론이 의회가 제정하는 법률의 정당한 토대가 될 수 있으며 공권력을 규제할 정당한 정치적 의지가 될 수 있다는 믿음은, 여론을 구성하는 사람들이 자유롭고 합리적인 사유와 토론과 판단이 가능한 정신적 능력을 지니고 있다는 전제에 기반을 두고 있다. 또한 그러한 사람들의 논의가 공개성이라는 열린 원리에 입각해 진행되어야 함을 전제로 한다. 이것이 바로 부르주아 공론장을 규정하고 있는 공공성과 공개성의 본질이다.

이와 같은 전제들은 우리가 앞서 살펴본 부르주아 시민사회의 작동 원리를 그대로 반영하고 있다. 합리적인 사적 개인들의 자유롭고 개방적인 관계 위에서 움직이는 자유경쟁의 시장이야말로 이상적인 사회관계의 원리라는 믿음이 공론장의 정치적 과정에도 그대로 적용되고 있다는 말이다. 사적 의견 교환을 통해 여론이 형성되는 정치적 시장이 자유경쟁의 토대 위에 서기 위해서는 무엇보다 기본권이 보장되어야 한다.

일련의 기본권이 합리적이고 비판적인 토론에 참여하는 공중들의 장과 그러한 공론장 내 사적 개인들의 정치적 기능에 관계한다. 의견과 말의 자유, 언론의 자유, 집회와 결사의 자유가 앞의 것이고, 청원권, 보통선거권, 투표권 등이 뒤의 것이다. 또 하나의 기본권은 가부장적 핵가족의 친밀한 영역에 자리하고 있는 자유로운 존재로서의 개인의 위상에 관계한다. 인격적 자유, 신성불가침의 주거권 등이다. 세 번째 일련의 기본권은 시민사회 영역에서 사적 소유자 간의 거래에 관계한다. 법적 평등, 사유재산 보호 등이다(168-169).

그러한 기본권 보장에 힘입어 부르주아 사회의 사적 원리와 공적 원리의 중요한 법적·제도적 토대가 확보된다. 즉, 인격적 자유와 주거권, 법적 평등과 사유재산의 보호는 부르주아 가족제도와 그 구성원의 개인적 주체성의 근간이 되고, 말과 언론의 자유는 공론장의 실질적 운영을 위한 기초가 된다. 또한 투표권과 청원권 등의 정치적 기본권들은 공론장 내의 여론이 의회를 통해 입법으로 전환되는 데 핵심적인 장치가 된다(169).

주지하는 것처럼, 근대 민주주의는 영국과 프랑스에서 발발한 시민혁명으로 태동했다. 부르주아 계급이 주도한 시민혁명의 근본적인 정치이념은 자유주의였다. 자유주의의 민주주의적 원리는 정치권력 바깥에 존재하는 피치자의 의지가 권력의 정당성이 되며, 정치권력의 존재이유는 개인으로서 그 피치자들의 생명과 재산을 보호하는 데 있다는 사유 위에 구현되고 있다.

자유주의 국가이념의 정수를 다루고 있는 정치사상가로 우리는 로크를 말할 수 있다. 로크는 『통치론』에서 국가권력이 생성되기 이전의 상태를 '자연상태state of nature'로 명명하고 그 자연상태를 살아가는 인간들은 자유롭고 평등한 존재들이면서 모두가 이성적인 사고력과 판단력을 가지고 삶을 영위한다고 상상했다. 자연상태의 인간들에게는 신성불가침의 권리가 있는데 자신의 생명과 이익을 수호하기 위한 처벌권과 사적 재산의 소유권이다. 국가권력은 본래 존재하지 않았던 것인데, 이 자연상태의 인간들이 자신의 생명과 재산을 자연상태에서보다 더 안정적으로 보장받기 위해 자신의 권리 일부(처벌권)를 양도해 만들어 내었다. 그로부터 국가권력의 존재이유는 당연히 자연상태 인간들의 생명과 이익을 보장하는 데 있다는 결론이 도출된다. 나아가 로크는 양도한 권리가 단일의 국가권력체에게 독점되어 있어서는 안 된다고 말했다. 권력집중으로 사람들의 생명과 재산이 위협받는 역설적 상황이 발생할 수 있기 때문이다. 따라서 국가권력의 분할과 각 권력의 정당한 영역에 대한 한계를 규정하고 있는 법률의 제정이 필요하다. 권력분립의 원리와 권력행사의 법치주의를 주창하고 있는 것이다.

로크의 자유주의 정치사상이 토대하고 있는 원칙과 가치들, 즉 합리적 사유 존재, 사적 소유의 신성함, 아래로부터의 권력 정당성의 원리, 권력행사에 대한 법률적 한계 규정 등은 부르주아 공론장이 기본권의 이름으로 주창해 온 것들과 다르지 않다. 그 점에서 우리는 부르주아 사회의 정치적 공론장에 담겨 있는 혁명성과 민주주의의 의지를 느낄 수 있으며, 그 진보적 원리야말로 하버마스가 서유럽 부르주아 공론장에서 읽어 내려 했던 부분이다. 부르주아 사회의 정치적 공론장은 근대 민주주의의 실천을 이끈 이념적 원동력의 진원지라는 정치적 명제가 여기서 성립한다.

7장
위기에 처한 부르주아 공론장, 그리고 위기를 넘어

부르주아 공론장은 매우 특이하고 이중적인 정치적 위상을 지니고 있다. 앞서 본 것처럼, 그곳은 국가와 공권력을 뜻하는 '공' 개념의 반대편에 자리하고 있다는 점에서 사적 부문에 속한다. 그 공론장을 구성하는 부르주아 계급은 가정과 경제라는 두 사적 제도의 주체로 존재하고 있다. 가정과 경제가 '사적' 영역인 이유는 국가와 공권력의 간섭과 지배를 받지 않고 내적 자율의 원리에 따라 작동하기 때문이다. 그렇지만 공론장은 사적 영역의 배타적인 개념도 아니다. 왜냐하면 공론장은 사적인 관심과 이해관계를 '공중'으로 불리는 집단적 주체들의 토론에 의해 정치적 문제로, 즉 여론으로 전환해 내는 공간이기 때문이다. 그러므로 공론장은 사적인 것과 공공적인 것이 결합하고 있는 독특한 영역이다. 부르주아 공론장의 민주주의적 힘은 여론이라는 이름으로 국가권력과 정책의 정당성에 관한 비판의 담론을 형성하고 실천하는 데 있다. 공론장의 그러한 정치적 능력은 구조적인 차원에서 공권력영역과 사적 부문의 구분을 토대로 한다. 하지만 그와 같은 구조는 19세기 말에 접어들면서 결정적인 변화를 겪게 되는데, 그 두 공간의 '경계'가 흐려지는 것에 근본적 원인이 있었다. 하버마스는 그러한 변화와 관련해 다음과 같이 이야기하고 있다.

19세기 말 새로운 간섭주의를 추진하는 국가는 (물론 독일에서는 매우 제한된 수준에서) 정치적으로 기능하는 공론장의 법제화 덕택으로 부르주아 사회의 이해관계와 통합되는 경향을 보인다. 이로써 사적 개인들의 교류에 대한 공권력의 간섭은 사적 개인들의 영역 자체로부터 나오는 요구들을 매개하게 된다. 간섭주의는 더 이상 사적 영역 내에서 결말을 볼 수 없는 그러한 갈등을 정치적 갈등으로 전환하는 데에 그 기원을 두고 있다. 따라서 사회영역에 대한 국가간섭에 상응하여 공적 관할권이 사적 법인에로 양도된다. 마찬가지로 사회적 권력에 의한 국가권력의 대체 역시 공적 권위의 사적 부문에로의 확장과 결부되어 있다. 국가의 점진적 사회화와 동시에 관철되어 가는 사회의 국가화의 이런 변증법에 의해 점차 국가와 사회의 분리라는 부르주아 공론장의 기초가 붕괴된다(246).

그렇다면 그러한 변화가 일어난 '19세기 말', 도대체 서구에서 무슨 일이 있었던 것일까? 이 질문에 답하기 위해 하버마스는 경제, 사회, 행정 등 사회 전반에서 일어난 광범위하고 총체적인 변화를 추적하고 있다.

하버마스는 '1873년에 시작된 대불황'에서부터 이야기를 풀어 가고 있다. 1860년대 국가적 통일을 이룩한 독일은 1870년대 프랑스와의 전쟁을 승리로 이끌면서 제국주의 경쟁에 본격적으로 뛰어들었고 미국은 1860년대 중반 남북전쟁을 종결하면서 역시 자본주의 국가로 신속하게 진입했다. 그럼으로써 서구국가들의 자본주의 경쟁은 한층 더 가속화했다. 더 많은 생산과 더 많은 투자는 언제나 그에 조응할 판매와 소비 수준의 유지를 전제로 한다. 1873년의 불황은 비약적인 산업 발달과 생산 증대에도 불구하고 그에 상응하는 판매와 소비시장의 활성화를 확보하지 못하면서 기업 이윤이 하락한 것의 결과물이라고 할 수 있다.

이 대불황은 무엇보다 자국 기업의 이윤을 보장하는 일이 최우선 과제로 등장하게 만들었는데, 관세 장치를 통한 보호무역의 강화와 새로운 상품의 판매 및 소비시장 개척이 해결책으로 제시되었다. 1870년대에 들어 서구의 많은 나라들이 자국 관세를 높이고 본격적으로 식민지 경영을 준비하기 시작한다. 이와 함께, 기업 부문 내에서도 기업집중과 독점자본의 형성을 통해 국제 경쟁력을 확보하려는 움직임이 관찰된다. 미국의 독점금지법과 독일의 기업연합저지법 제정은 그러한 상황의 반영이었다(247). 독점자본주의의 등장은 그 반대편에서 조직적이고 전투적인 노동운동의 전개로 이어지고 자본과 노동의 정치적 갈등을 새로운 문제로 올려놓았다.

19세기 후반에 등장한 이러한 문제들이 궁극적으로 국가 개입의 증대 필요성을 가져온 직접적 요인이었다. 국가는 자국 기업의 이윤을 보장하기 위해 외교력과 군사력을 앞세워 식민지를 개척해야 했고, 자본 부문의 이해관계를 적절히 조정해 주어야 했으며, 자본에 위협이 되는 노동을 효과적으로 통제하는 데 힘을 기울여야 했다. 이러한 과정에서 국가는 야경국가, 자유방임국가로 불리는 고전적 모델을 포기하고 적극적인 간섭과 개입 주체로 등장한다. 19세기 후반의 유럽국가는 사적 경제 과정에 대한 불간섭, 즉 자유방임의 원칙을 버리고 식민지 개척을 위한 대외정책과 자본집중을 조율해 주는 법률과 제도정책으로, 노동과 자본의 갈등을 조정하기 위한 사회정책으로 사적 영역인 경제에 깊숙이 개입하기 시작한다. 이러한 상황과 관련해 하버마스는 "국가는 법과 행정조치들을 통해 상품 교환과 사회적 영역에 깊숙이 간섭해 들어갔다"(253)고 말한다.

　이와 같은 변화를 하버마스는 사적 부문과 공권력영역의 새로운 관계 속에서 이해하려 한다. 그는 "사적인 제도 자체가 상당 부분 반半공권력적 성격을 띠게" 되고, "사적 경제단위가 준準정치적 성격"을 지니게 되었음을 지적하고 있다. 이제 "국가제도와 사회제도는 공권력적인 것과 사적인 것을 기준으로 더 이상 세분할 수 없는 하나의 단일한 기능복합체로 결합한다. 그때까지 분리되었던 영역들의 이 새로운 상호의존성은 고전적 사법체계의 붕괴에서 법적으로 표현된다"(254). 사법과 공법 어느 한쪽에 전적으로 속하지 않은 법률영역이 만들어지는 것을 두고 하버마스는 '사법의 공법화'와 '공법의 사법화' 현상을 말하고 있다. 전통적으로 사인들 간의 법률적 계약이라든가 임금계약과 같은 과정에 국가 개입이 광범위하게 이루어지고 있다는 사실은 이제 상식이다. 그 반대편에서 공법의 사법화 현상에도 주목할 수 있는데, 가령 공권력영역이 담당해야 할 일들이 기업이라든가 법인과 같은 주체들로 이관되는 과정이 대표적인 예다.

이어서 하버마스는 '사회영역과 사생활영역의 양극화'라는 제목 아래에서, 경제와 함께 또 하나의 고전적인 사적 공간이었던 가족영역이 어떻게 변형되어 가는가를 관찰한다. 하버마스는 구성원들을 위한 기본적 필요의 제공이 가족이 아닌 다른 기관으로 이관되는 상황을 관찰하고 있다.

가족은 "점차 양육, 교육, 보호, 양호, 지도 기능들을 상실"하고 그럼으로써 '잔여적인 사적 영역'으로 축소된다. 실제적인 차원에서 가족은 "사적 성격을 상실"한 것이다(262). 아울러 하버마스는 가족이 '인격적 내면화'의 기능도 상실했다고 말하고 있다. 부르주아 사회에서 교육은 가족이 담당했던 중요한 사회적 기능이었지만, 이제 그 기능은 학교와 또 다른 교육기관들에 양도되었다(263).

하버마스에 따르면 가족이 담당했던 고전적인 기능의 상실은 주택과 도시의 외형에서 공간적으로 재현된다. 부르주아 사회에서 개인주의 가치의 확산이 부르주아 주택의 공간 구성에서 정확하게 반영되고 있었다는 하버마스의 주장을 상기하면 좋을 듯하다. 고전적인 부르주아 주거 공간에서 살롱과 같은 곳이 문예적 공론장의 주요 무대로 기능했다는 사실에 비추어 볼 때 주택의 변화는 매우 중요한 의미로 다가온다. 오늘날 주택의 "개인주의적 폐쇄성은 깨져버렸고 살롱, 응접실 등이 사라지면서 공공성의 사교적 교류에 대한 개인주택의 개방성이 위협받게"(264) 되었다.

이러한 변화의 맥락에서 하버마스는 평론가이자 뉴욕시

도시계획위원회 위원으로 활동한 와이트William H. Whyte의 미국 도시 공간분석을 따라, 도시인들이 개인주의와 공공성으로 특징지어지는 부르주아 주택의 원리를 벗어나 이웃관계의 새로운 패턴을 만들어 내는 현상에 주목하고 있다. 하버마스는 그것을 부르주아적 공공성의 모델이 아니라, 함께한다는 것의 외양에 초점을 맞추는, 말하자면 공동체적 관여 자체에 대한 숭배로 해석하고 있다. 하버마스가 인용하고 있는 와이트의 관찰에 따르면 도시인들은 자신의 내적인 관조능력을 상실한 채 텔레비전과 같은 집단적 매체들을 보면서 다른 사람들과 함께한다는 것 자체에 만족하는 모습으로 변화하고 있다(265).

결론적으로 볼 때, 새롭게 재편되는 가족 공간은 "제도적으로 보장된 가족 내부 공간의 보호 없이 반공권력 기관의 직접 영향하에 들어"간 것이고, 그 속에서 경험하는 친밀성은 개인적 주체성을 가진 구성원들의 친밀성과는 거리가 먼, 외양적 친밀성에 지나지 않는다(266).

19세기 후반부터 진행된 또 다른 변화와 관련해 하버마스는 문화영역의 변화를 주의 깊게 살펴보고 있다. 문제의 핵심은 "토론하는 문화에서 소비하는 문화로의" 이행에 있으며 그 속에서 공중의 개념이 변질되고 있다는 점이다. 현대 서유럽 사회에서 시장과 이윤의 원리가 문화산업cultural industry의 이름으로 부르주아 공론장의 주요 축인 문예 공간과 장치들로 밀고 들어오기 시작하면서 그 공간과 장치가 보증하고 있던 토론의 잠재력이 점차적으로 상실되고 있다. 하나의 예로서, 하버마스는 부르주아 공론장을 이끈 문예지의 변질을 언급한다.

19세기 말 이후 유행에 따라 변화하는 전위의 논쟁무대였던 강령적 문예잡지는 문화적 관심을 가진 시민계층과 결코 연결되지 않았으며 연결점을 찾지도 않았다. 문예적 가족잡지는 부르주아 가족의 구조변동과 함께 그 자체로 시대에 뒤떨어진 것이 되었다. 오늘날 정기구독 클럽에 의해 널리 유포된 광고 삽화지가 그들의 자리를 차지하고 있다. 이것이 서적 판매부수의 증대라는 공공연한 목적에도 불구하고 활자의 힘을 더 이상 신뢰하지 않는 문화의 증거이다(270).

이러한 변화와 더불어 부르주아 가족 공간 속의 살롱문화도 점점 더 퇴보하기 시작한다. '개인들 간의 사교적 토론'이 사라지는 자리에 형식화된 집단적 토론이 들어선다. 그와 같은 집단활동은 토론하는 집단적 주체로서 공중을 형성하는 일과 무관하다. 그것은 특정한 경제적 목적 아래 연출되고 관리되는 상품으로서의 토론일 뿐이기 때문이다. 대중매체가 관여하는 '연단 위 전문적 대화, 공개 토론, 원탁회의 쇼'와 같은 프로그램은 문화산업의 이해관계를 반영하는 문화적 볼거리이다(272). 우리는 그와 같은 현상들을 '정치마케팅political marketing'으로 부른다. 그러한 문화적 기제가 생산하고 유포하는 지식은 토론이 아니라 소비의 대상물이다(274).

앞서 우리는 하버마스의 논의를 따라 부르주아 공론장을 구성하는 주요한 문화적 발명이 서적과 신문이라고 말했다. 그런데 19세기 말 이후 이 두 문화적 장치들에서도 변화가 발생했다. 먼저 서적의 경우가 매우 역설적이다. 문고판의 보급을 통해 경제적·심리적 차원에서 대중들의 문학에로의 접근을 가로막는 장벽이 상대적으로 낮아졌다. 하지만 그것은 역으로 문학서적의 고전적 무게가 가벼워지는 결과와 함께 문예비평의 문화적 전통 또한 약화하는 결과를 가져왔다. 나아가 영국, 프랑스, 독일에서 책을 사지 않거나 읽지 않는 대중들의 규모 또한 적지 않은 수를 기록했다는 사실이 독자층의 대중화 현상에 추가되어야 한다.

한편, 이러한 퇴행적 상황은 저널리즘의 변화와 밀접히 맞물려 작동하면서 고전적 공론장의 약화를 가져온 요인이 되었다. 하버마스는 미국에서 탄생한 새로운 저널리즘 현상을 이야기하고 있다. '페니 프레스penny press'로 불린 대중저가지의 등장인데, 1833년에 벤자민 데이Benjamin Day가 창간한 〈뉴욕선New York Sun〉이 그 선구적 모델이다. 당시 일반 신문의 1/6에 불과한 가격으로 판매된 이 신문은 정치성과 고급 문예성을 특징으로 하는 신문들과는 달리 대중들의 관심에 부응하는 정보와 오락성 기사들로 채워져 있었다.

발행부수의 증대와 광고량의 증가에 따른 대중적 성공으로 말미암아 이 신문과 유사한 모델의 신문들이 만들어지기 시작했다. 부르주아 저널리즘의 전통에서 벗어난 이 새로운 움직임에 대한 강력한 비판이 제기되기도 했지만, 남북전쟁이 끝나고 경제발전에 박차를 가하기 시작하면서 미국에는 대중저널리즘이 더 강력한 양상으로 등장했다. 퓰리처Joseph Pulitzer가 1883년에 인수해 발행한 〈뉴욕 월드New York World〉와 그의 성공을 경이에 찬 눈으로 바라본 허스트Randolph Herst가 1895년에 창간한 〈뉴욕 모닝 저널New York Morning Journal〉 등을 언급할 수 있다. 이 신문들은 페니 프레스처럼 흥미와 오락성 기사에 압도된 것은 아니었지만 대중들의 취향에 부합하는 기사들로 채워진 종합 일간지 성격을 지향하고 있었다. 선정성·오락성·경쟁성을 의미하는 '황색저널리즘Yellow Journalism'은 19세기 말 미국의 대중저널리즘에 기원을 두는 용어다.

이러한 변화의 물결은 유럽으로도 상륙했다. 프랑스의 경우, 1885년에 창간된 〈르 마탱Le Matin〉이란 신문이 대중저널리즘의 문을 열고 1892년에 그와 유사한 〈르 저널Le Journal〉이 엄청난 발행부수를 자랑하며 상업적으로 성공하는 등 전통적인 저널리즘과는 근본적으로 다른 양상이 전개되기 시작했다. 졸라Émile Zola와 같은 지식인들이 격렬히 비판하고 저항했지만 그 신문들의 대중적 약진을 막지는 못했다. 그것은 유럽에서 언론의 전문성을 지향하는 '신저널리즘New Journalism'이 탄생하는 동력이었다.

이러한 대중신문들은 판매를 극대화하기 위해 지면의 '탈정치화' 경향을 강화했다. 사회적 문제에 대한 정치적 해석의 무게중심이 약해지고, 정치 관련 기사의 비율이 줄어들며, 정형화되고 요약적인 형태의 기사가 늘어나고, 화보가 차지하는 비율이 확대된다. "풍자, 부패, 사고, 재해, 스포츠, 레크리에이션, 사회적 사건, 인간적 흥미와 같은" 뉴스들이 정치적 시각을 필요로 하는 공공의 문제에 대한 기사를 밀어낸다(279). 하버마스는 1950년대 독일 일간지 〈빌트Bild〉의 지면 구성에 관한 연구를 인용하면서 이러한 변화에 대한 구체적인 예증을 시도하고 있다. 지면분석의 결과에 따르면 엄격한 의미에서 정치적 중요성을 띠는 기사는 전체 지면의 1/4을 넘지 못하고 있고, 나머지는 일상과 사건 중심의 기사로 채워지고 있다. 범죄, 재해, 일상보도(32%), 미인대회(21%), 소송(13%), 사교, 영화, 유행, 생활 상담과 강의(7%) 등이다(286-287).

이와 같은 변화상은 라디오, 텔레비전, 영화 등 영상매체의 급속한 발전에 의해 한층 더 강력한 양상으로 만들어졌다. 이 매체들의 문제는 공중의 자격으로 사회적 문제를 성찰할 가능성을 없애면서 그들을 뉴스의 소비자들로 전락시키는 데 있다(280).

19세기 말부터 서구 언론이 경험한 이러한 거대한 변화에 대해 하버마스는 공론장의 관점에서 다음과 같이 해석하고 있다.

대중매체가 만드는 세계는 표면상으로만 공론장이다. 게다가 대중매체가 그 소비자에게 보증하는 사적 영역의 고결함도 역시 환상이다. 18세기에 부르주아 독서공중은 친밀한 서신 왕래와 여기서 발전된 심리소설과 단편소설의 독서를 통해 문학능력을 갖춘, 공중과 관계된 주체성을 배양할 수 있었다. 이런 형태로 사적 개인들은 공론장과 사적 영역의 자유로운 관계에 기초했던 자신들의 새로운 생활형식을 해석했다. 프라이버시의 경험은 순수하게 인간적인 것의 심리, 자연적 인격의 추상적 개인성에 대한 문학적 실험을 가능하게 했다. 오늘날 대중매체가 시민들의 이러한 자기이해로부터 그 문학적 외피를 벗겨 버리고 소비자문화의 공공 서비스를 위한 통상적 형태로 그것을 이용함으로써 본래의 의미가 전도되었다(280-281).

'가벼운 신문'과 시청각매체가 만들어 내는 공론장에서 사적 개인으로서 성찰적 능력을 지닌 교양 있는 공중, 공적 문제를 이성적으로 사유하고 토론할 수 있는 주체는 사라지고, 그 자리는 공적인 문제를 '비공공적으로 논의하는 소수의 전문가'와 수동적으로 '수용하는' 소비자 대중으로 채워진다. 그곳은 겉으로만 공론장일 뿐 고전적인 의미에서의 공중의 의사소통을 구현해 내지 못한다(285).

하버마스가 비판해 마지않는 비공공적·비성찰적 언론과 그에 따른 공중능력의 상실을 보여 주는 대표적인 예가 1898년 미국에서 발발한 메인호USS Maine 사건이다. 그해 2월, 쿠바의 아바나 항에 정박 중이던 군함이 갑자기 폭발해 수백 명의 미군이 사망했다. 당시는 식민모국인 스페인과 식민지 쿠바 사이에 치열한 군사적 충돌이 있었고, 미국은 쿠바 거주 자국민들을 보호한다는 이유로 메인호를 대기시킨 상태였다. 명확한 원인을 알 수 없는 사건이었지만 미국 언론은 설득력 있는 논리나 증거 없이 일찌감치 스페인을 책임자로 지목했다. 거기에는 미국인들의 맹목적 애국주의와 반스페인 정서에 편승해 전쟁 분위기를 쌓겠다는 정치적 전략이 깔려 있었고, 그러한 적대적 민족주의를 팔아 수익을 올리려는 경제적 전략도 숨어 있었다. 언론은 사태에 대한 객관적이고 냉철한 이성적 사유의 공간이 되기보다는 민족적 이익을 향한 광신에 가까운 집단적 열정을 자극하는 것에 주저하지 않았다. 19세기 후반 황색저널리즘의 성공은 그러한 상황과 밀접하게 연관되어 있다. 상업주의에 매몰된 미국의 언론들에 의해 사람들은 르 봉 Gustave Le Bon이 우려하는 비합리적이고 감정적이며 무의식에 휩싸인 '군중'으로 퇴보하고 있었다.

지금까지 살펴본 일련의 양상은 사적 영역에 대한 국가 개입의 증가, 성찰적 공중의 약화와 소비 대중의 부상, 언론과 출판의 탈정치화와 대중화로 요약할 수 있다. 이와 같은 변화는 궁극적으로 부르주아 공론장의 민주주의 토대를 구성하는 공공성과 여론 개념의 근본적인 전환을 가져왔다.

하버마스는 19세기 말에 시작된 복합적 변화로 말미암아 부르주아 공론장의 공공성이 '중세의 공공성'으로 회귀했다고 진단했다. 앞서 살펴본 것처럼, 중세의 공공성이란 정치권력이 피치자를 향해 자신의 존재와 위엄을 과시한다는 의미의 공공성을 뜻한다. 이때 권력의 정당성은 공중들의 합리적인 토론과 그로부터 형성되는 여론이 아니라 권력 주체의 드러내기 전략에 의해 만들어지고 강화된다. 중세에서 드러내기 전략의 도구가 다양한 미적 장치들이었다면 현대의 전략은 무엇보다 미디어에 의해 실천되고 있다. 그 점에서 하버마스는 '공론장의 재봉건화'라는 개념을 사용하고 있다.

언론과 출판영역의 변화는 이러한 문제에 연결되어 있다. 서유럽 부르주아 사회에서 언론과 출판은 문예적 공론장과 정치적 공론장에 밀접히 결속되어 있었다. 언론과 출판은 상업적 이해관계와는 거리를 둔 채, 부르주아 계급의 지적 교양을 위한 문학 토론의 공간이거나 당대 정치적 문제들에 대한 논쟁의 자리였다. 부르주아 신문과 출판에서 핵심적 역할을 담당했던 인물들이 당대의 명망 있는 문필가였다는 사실이 그 점을 말해 준다. 그러한 차원에서 하버마스는 부르주아 언론과 출판을 '문필가적 저널리즘'으로 명명하면서 다음과 같이 말했다.

이러한 사업의 영리적 목적은 대부분 전적으로 배후로 밀려났다. 실로 그것은 채산성의 모든 규칙에 어긋나는 것이었으며 처음부터 손실사업이었다. … 영국에서 이러한 종류의 신문과 잡지는 종종 '화폐귀족의 도락道樂'이었으며 유럽대륙에서 이것들은 자주 개별 지식인과 문필가의 발의에서 시작되었다. 처음에는 이들이 위험을 홀로 부담하였다. 그들은 각자의 재량에 따라 소재를 수집하고 직원의 보수를 지불했으며 잡지를 소유했다(294-295).

하지만 앞의 논의에서 제시한 것처럼, 이러한 상황은 19세기 말부터 근본적으로 변화했다. 언론과 출판의 종국적인 목적이 정치와 문화적 교양에서 상업적 이익으로 바뀌었다. 신문 지면에서 정치를 포함해 공적 사안에 관한 정보 비율이 감소하고 대중들의 관심사에 부합하는 정보들이 늘어나는 양상이 그러한 변화의 반영이다. 신문은 대중의 감각적 호응을 위해 지면을 시각적 화려함으로 채우는 것에 주저하지 않았다. 영상매체의 등장과 성장이 수반되면서 이제 언론과 출판에서 '광고'가 핵심사업의 하나로 부상한다.

사실을 말하자면, 하버마스는 부르주아 언론에서 광고는 그리 긍정적인 영역이 되지 못했음을 지적하고 있다. 18세기의 경우 광고는 그리 많지 않은 신문 지면을 차지했을 뿐만 아니라 광고의 대상이 되는 상품들 또한 진기한 물품 등 예외적인 것에 그쳤다.

신문의 상업화 추세는 그와 같은 전통적 경향성을 약화시키면서 이윤 창출을 위한 주요한 전략적 공간으로서 광고의 비중과 중요성이 부상하는 결과를 가져왔다. 그리하여 신문은 "구식 발행인의 수공업적 경영에 맞서 고도의 자본주의적 대경영의" 양상으로 나아가고, 몇몇 신문기업들이 '주식회사' 형태로 조직되는 움직임도 관찰되었다(297). 이와 같은 이해관계로 말미암아 언론에서는 과거에는 관찰할 수 없었던 현상인 발행부수의 증대가 일차적 목표로 성립하게 된다.

언론 공간에 침투하기 시작한 상업광고는 기업이 자신의 이익을 위해 구사하는 홍보와 여론관리 전략의 탄생에 영향을 미쳤다. 기업은 "대중매체와 결부된 특집기사와 화보 기사의 심리학과 기술을 엄격히 따"(307)라 자신의 이미지를 미화하고 여론을 유리하게 이끄는 전략들을 구사했다. 그러나 홍보와 여론관리는 기업의 사적 이익을 드러내는 광고와는 달리 "공공이익을 위해 필요한 것처럼 보이는" 방식을 구사하면서 일정한 방향으로 '여론의 연출'을 꾀하려 했다.

지금까지 살펴본 일련의 변화들을 추적함으로써 하버마스가 도달한 논의 지점은 정치적 공론장의 해체다. 공공행정의 규모와 무게의 증대로 인해 행정부의 권력이 확대되는 것은 불가피한 현상이었는데, 그것은 정책결정의 기술적 효율성을 따르는 관료제의 도입과 확산으로 이어졌다 (312). 베버가 지적하고 분석한 것처럼 현대 관료제는 권한의 명확한 한계 규정, 계통적이고 위계적인 조직 구성, 전문화된 인력 조직, 문서화되고 일반규칙에 입각한 업무 수행, 완벽한 업무 수행능력 요구를 특징으로 한다. 이러한 특성의 관료제 조직이라면 지위와 능력의 차이를 고려하지 않고 자유롭고 개방적으로 논의하는 공론장과는 근본적으로 상이한 모습을 보일 것이다. 말하자면 관료제는 토론 민주주의의 반대에 자리한다.

문제는 그와 같은 관료제적 경향이 행정부만이 아니라 정당과 의회로 대표되는 정치적 공론장의 중요한 제도들에도 침투하고 있다는 사실이다. 정당의 운동 원리가 변화한 것은 선거권 확대로 유권자집단이 늘어남에 따라 명망가 정당notable party에서 대중 정당mass party으로 전환된 것에 근본적 원인이 있다. 하버마스에 따르면 "이들 정당은 지방을 초월하여 조직되었고 관료기구를 갖추었으며, 이데올로기적 통합과 광범위한 유권자 대중의 정치적 동원을 목표로"(320) 설정하고 있었다. 여기서 민주적 토론보다는 '계몽과 지도, 정보와 광고, 교육과 조작'과 같은 '체계적 선전'의 필요성이 대두했다. 말하자면 언론의 상업화 경향이 가져온 광고, 홍보, 여론관리 등의 기술적 기제들을 현대 정당도 응용하고 있는 것이다. 이제 정당은 "조직화된 이해관계를 묶어 그것을 정치기구에 공식적으로 전달함으로써 탁월한 지위를 부여받았다"(322).

막강한 정치적 힘과 영향력을 행사하는 정당의 부상은 의회의 위상과 기능을 축소시켰다. 의회는 정치적 사안의 입법을 위한 민주적 토론의 장이 아니라 조직화된 정당의 정치적 목표와 전략에 부합하는 방식으로 움직이는 주변적 공간으로 전락했다. 의원들은 정치 토론의 주체적 행위자로서의 공중이 아니라 "자신의 정당으로부터 명령적 위임을 받"(323)은 부속적 존재로 움직인다. 현대 의회에 대한 하버마스의 평가는 혹독하다.

의원 각자는 당내 다수결 형성에 참여하도록 소명 받았지만 결국은 원내 교섭단체에 따라 결정한다. 원내 교섭단체를 통해 정당은 조직화된 이해관계들 간에 항시 새로운 타협을 보여야 하는 강제를 대외적 행동통일을 보장하는 강제로 전환한다. … 이로써 의회는 이미 내려진 결정을 기록하기 위해 지시에 따르는, 정당의 위임을 받은 사람들이 모이는 장소가 되는 경향을 보인다(323).

이러한 국면 속에서 의회도 정당과 마찬가지로 토론과 논쟁의 공간이 아니라 '전시'의 공간으로 전환된다. 말하자면 의회는 "논증에 의한 공적 토론 속에서 서로를 설득하려는"(323) 정치적 장소가 아니라 각각의 정당이 자신들의 정책을 국민들에게 알리고 변호하는 선전의 공간으로 변화했다는 것이다. 여기서 하버마스가 지적하고 있는 것처럼, 그와 같은 변화는 의회와 국민을 시청각 미디어가 매개하는 현상에 의해 추동되고 있다.

조직화 수준이 확대되면서 정당은 관료주의 원리 위에서 운동하고, 의회가 거대 정당의 영향력 아래에서 각 정치적 이해관계를 관철하기 위한 선전장으로 변화한다. 또한 라디오, 텔레비전과 같은 대중 미디어가 정치집단과 국민을 매개하는 지배적 환경이 조성되어 토론과 논쟁으로 채워지는 부르주아 공론장 대신 '제조된 공론장'이 만들어진다. "모든 사람이 원칙적으로 동등한 기회를 가지고 각각의 개인적 성향, 희망, 신조, 즉 의견을 제시할 수 있"고, "이 개인적 의견들이 공중의 논의를 통해 여론으로 형성되는"(341) 민주주의적 원리가 제조된 공론장 속에서는 더 이상 유지되지 못한다. 오히려 정치집단의 전략적 목적과 기반 위에서 주도면밀한 계산으로 만들어진 정책이 대중매체에 의해 국민들에게 선전되고 국민들은 그렇게 주조된 정책들을 단순 지지하거나 반대하는 방식으로 여론을 조성해 내는 과정이 압도한다.

하버마스는 1950년대 독일의 연방의회 선거를 예로 들고 있지만(341) 현대 정치에서 그와 같은 양상이 점점 더 가속화되고 있음을 우리는 인식할 수 있다. 오늘날 정치 커뮤니케이션 연구가 '미디어시대의 정치'란 테마 위에서 정치광고political advertising, 정치홍보political publicity, 정치 이미지political image, 여론관리opinion management, 텔레비전 토론 등 미디어의 정치적 효과와 관련된 현상들에 초점을 맞추고 있다는 점이 그 사실을 잘 보여 준다.

정치적 공론장의 변화는, 앞의 '여론관리'라는 용어가 말해 주듯이, 부르주아 공론장이 만드는 여론과는 본질적으로 다른 여론 개념을 생각하게 한다. 하버마스는 제7장에서 이 문제를 성찰하고 있는데, 여기서 우리는 서로 다른 두 여론 개념 사이에 존재하는 긴장을 관찰할 수 있다.

'여론'이 정치권력과 사회권력의 집행에서 공개성을 규범적으로 요구하는 비판적 심급으로 이용되는가, 아니면 인물과 제도, 소비재와 방송 프로그램을 위한 전시적이고 조작적인 공개성과 관계된 수용적 심급으로 이용되는가에 따라 '여론'은 각기 다른 의미를 갖는다(361).

하버마스는 앞의 것을 '비판적 공개성'으로 규정하면서 그러한 형태의 여론은 "정치적 권력집행과 권력조정에서 실제로 따라야 할 의무가 있는 절차의 중요한 부분"(362)이라고 말하고 있다. 뒤의 것은 '조작적 공개성'으로 불리는 것으로서 정치권력의 규범적 통제가 아니라 제도화된 정치 집단들을 향해 특정한 정치적 사안이나 결정에 대한 의견들을 수동적으로 전달하는 기능으로 간주된다. 이 여론은 개인적 의견의 집합이라는 의미를 가지며 여기서 여론조사 개념이 결합한다.

하버마스는 미디어와 전문 조사기관이 생산하는 여론의 정치적 문제를 지적하고 있다.

토의하는 사적 개인들의 의사소통적 연관은 끊어져 버렸다.
이 연관의 결과로 출현했던 여론은 일부 비공중적 사적 개인
들의 비공식적 의견으로 분해되었거나 일부 효과적인 홍보
활동 제도들의 공식적 의견으로 집중되었다. 비조직화된 사
적 개인들로 구성된 공중은 공공적 의사소통이 아니라 공공
적으로 발표된 의견의 의사소통을 통해 전시적이거나 조작
적으로 전개된 공개성의 파도에 휩싸인다. 그와는 달리 두
의사소통영역이 다른 의사소통영역, 즉 비판적 공개성에 의
해 매개되는 정도에 따라서만 엄밀한 의미의 여론이 형성된
다. 이러한 매개는 오늘날 사회적 규모의 무게를 고려하면
사적 개인들이 조직화된 공론장을 통한 공식적 의사소통 과
정에 참여함으로써만 가능하다(375).

부르주아 공론장이 정치적 이상으로 삼았던 여론의 운
동, 즉 정치권력의 근거와 정당성을 토론의 무대 위로 올려
권력의 규범적 원칙을 제시했던 공론의 과정이 사라지고
미디어가 매개하는 사적 의견의 집합으로서 여론이 부상하
는 사회적 현실은 중대한 정치적 문제를 초래한다. 경제성

장, 복지 등의 실천을 위해 국가의 힘과 영향력이 확대되는 상황과, 정당과 의회가 자신들의 이해관계를 관철하기 위해 조직적 논리 속에서 움직이는 상황을 민주적으로 통제할 가능성을 없애 버린다는 말이다. 조사되고 관리된 여론으로는 국가권력을 규범적으로 문제 삼으면서 권력에 민주적 통제의 정당성을 부과할 수 없다.

하버마스에게서 상황은 대단히 우려스럽다. "점점 조밀하게 짜여 가는 전자통신매체의 의사전달망" 속에서 "대중들은 자유롭게 토론하고 여론을 형성함으로써 국가권력의 통제에 저항하는 힘을 만들어 내기보다는 탈정치화의 경향을 보이면서 오히려 그것에 대한 지지와 충성심"을 산출하고 있기 때문이다.

여기서 핵심적인 과제는 효율성과 조직의 원리에 기반을 두는 '기술관료주의'의 궤도를 운동하면서 자신의 정치적 영향력을 확대하고 있는 국가권력체를 ―18세기 정치적 공론장이 "부르주아 언론을 매개로 절대주의 국가의 비밀 통치에 대해 비판적 기능을 수행"했던 것처럼― 어떻게 실제적으로 통제할 수 있을까를 사유하는 데 있게 된다. 달리 말하면 정치적 정당성의 새로운 토대를 확보하는 일이다.

그렇다면 그것은 어떻게 가능한가? 하버마스는 『공론장의 구조변동』의 1990년 신판 서문에서 그 문제에 대한 매듭을 풀어 가고 있다.

"경합하는 이해관계들의 지양 불가능한 다원성 때문에 그로부터 어떤 일반이익이 출현하여 그것이 여론의 기준이 되는 것이 … 의심스러워"진다면 『공론장의 구조변동』이 현재의 민주주의 이론에 기여한 바는 의심스러운 상황에 처할 수밖에 없다. 그 당시 내가 가졌던 이론적 수단으로 이 문제를 해결할 수 없었다. 문제의 재정식화 차원에서 최소한의 간략한 답을 제시할 수 있는 이론적 틀을 세우려면 다른 조치가 필요했다(38).

부르주아의 정치적 공론장은 사회경제적 이해관계의 간극이 크지 않았기 때문에 일정한 정치적 목표와 지향을 내재하는 단일의 여론이 그로부터 만들어질 수 있었지만 대중정치, 대중경제로 불리는 현대사회는 오히려 이해관계의 이질성 위에 자리하고 있다. 정치와 경제가 밀접하게 결합하고 공권력영역과 사적 영역의 경계가 모호해지고 있는 현대사회의 양상은 그와 같은 움직임의 결과다. 현대사회의 이러한 양상은 경제와 국가기구가 사회의 민주주의적 통제를 벗어나 '화폐권력'과 '행정권력'으로 자신들의 지배력을 행사하는 문제를 야기한다. 이는 분명 민주주의의 위기로 이해된다.

현대사회의 민주주의 위기를 넘어서는 일은 공권력과 사적 영역의 분리에 기반을 두고 있던 부르주아 공론장 모델의 복원에서 답을 찾을 수는 없다. 여기서 하버마스는 "비판적 사회이론의 규범적 기초를 보다 깊은 곳에 놓아야 한다"는 문제의식을 표방하면서 "일상적 의사소통의 실천 자체에 담겨 있는 이성의 잠재력을 발굴하기 위한" '의사소통행위이론'을 해법으로 제시하고 있다(39).

의사소통행위이론은 실천적 차원에서 '체계system'와 '생활세계life-world'라는 두 개념 위에 서 있다. 체계는 자본주의 경제와 관료주의 행정이라는 영역 위에서 목적 합리적 행위와 성공지향적 행위 원리에 바탕을 두고 있는 반면, 생활세계는 인륜성, 즉 윤리적이고 공동체적인 관계와 삶을 구성하고 유지해 가는 문화와 교육의 실천영역으로서 의사소통행위의 원리가 지배하는 곳이다. 하버마스가 진단하고 있는 현대 민주주의 위기의 본질은 체계의 지배적인 힘과 논리가 생활세계를 압도하는 데 있고, 그 점에서 민주주의의 회복은 "체계명령이 생활세계영역에 식민주의적 논리로 침범하는 것을 저지하는"(41) 일이다. 좀 더 적극적으로 표현한다면 "계획입법을 통해 경제적 재생산을 포함해 모든 생활영역의 프로그램을 짜고 자율적으로 관리하는 사회가 주권적 민중의 정치적 의지로 통합되어야 한다는 것이다"(40).

생활세계가 그와 같은 민주적 잠재력을 보유하기 위해서는 '토의 민주주의'의 이상이 발현되어야 한다고 하버마스는 주장한다. 그 이상은 보편적 정치윤리, 즉 체계를 향한 규범적 통제력을 지닌 정치윤리의 산출을 보장할 토의의 조건과 절차를 구축하는 데서 시작된다.

하버마스는 그 작업을 『의사소통행위이론』에서 본격화했다. 이 저서는 생활세계와 그 세계에서 실천되는 의사소통합리성의 원리를 사회학적으로 규명하고 생활세계 내 이상적 토의의 조건을 언어학적으로 검토하고 있는 대작이다.

하버마스 사회이론의 지평에서 부르주아 공론장의 공개성 원리는 20세기 서구 자본주의의 변화와 국가 존재조건의 변화 속에서 생활세계 내 합리적 소통의 원리에 자리를 내준 것으로 보인다. 하지만 앞에서 살펴본 것처럼, 그럼에도 우리는 부르주아 공론장의 원리가 완전히 폐기된 것은 아니라고 말해야 한다. 오히려 그 원리는 생활세계 내 토의 민주주의를 구현할 합리적 의사소통의 원칙 속에 스며들어 있다고 볼 수 있기 때문이다. 또한 하버마스가 제시한 이상적 의사소통의 언어학적 원칙(이해 가능성, 명제의 진리성, 언어 수행의 적합성, 언어 주체의 진실성)은 18세기 부르주아 공론장의 문화적·정치적 의사소통 과정 속에서 역사적으로 실험되고 있었기 때문이다.

8장
하버마스 사상으로
한국사회를 진단하다

　시민의 집단적 의견인 여론이 정치권력의 존재론적, 그리고 정책적 정당성의 토대라는 민주주의의 자유주의적 명제가 있다. 하버마스는 이 명제를 18세기 서유럽 부르주아 공론장의 운동 원리와 방식에 대한 관찰과 분석을 통해 역사적으로 밝혀내고자 했다. 그와 같은 정치적 명제는 현대 민주주의 사회에서는 너무나도 일반적이어서 이제는 새롭게 논할 부분이 없다. 그러나 왕권신수설을 기반으로 권력의 정당성을 창출하고 유지하며 계승해 온 전통의 시대를 뚫고 새롭게 등장한 정당성 원리였다는 점을 고려하면 당대에는 대단히 혁명적인 이념이었을 것이다.

하버마스의 접근 시각에 비추어 볼 때 그와 같은 여론 민주주의가 실제로 작동하기 위해서는 몇 가지 이념적·제도적 기초가 필요하다. 첫째, 이념적인 차원에서 자유주의 원리가 확고하게 성립해야 한다. 주지하는 것처럼, 자유주의는 근본적으로 개인주의individualism, 즉 개인의 가치가 집단의 가치에 우선한다는 관념을 토대로 한다. 하버마스가 부르주아 공론장의 문화적 동인과 관련해 밝힌 것처럼, 집단과 공동체에 종속된 존재가 아니라 고유한 취향과 의지를 지닌 독립적이고 자율적인 존재로서 개인에 대한 인식이 정립되는 것이 공론장의 토론 주체인 공중의 탄생에 필수적인 조건이다.

둘째, 공론장은 개인이 자립적 존재가 되기 위한 전제조건인 법률적 기본권의 보장 위에서만 실현될 수 있다. 이것 역시 자유주의의 근본요소라고 할 수 있다. 하버마스의 주장에 비추어 보면 언론의 자유, 투표권 보장, 인격적 자유, 주거의 자유, 사유재산권, 법적 평등권 등이 그러한 기본권의 내용들이다. 그 기본권들은 개인이 자신의 의견을 자유롭게 표출할 수 있고, 사적인 삶을 영위할 수 있으며, 정치적 차원에서 공적인 존재로 활동할 수 있게 하는 근본적 토대가 된다.

다음으로, 여론 민주주의의 제도적 기초로서 시민들이 자유롭게 모일 수 있는 집단적 토론의 공간이 구축되어야 한다. 서유럽 부르주아 사회에서 여론 형성은 살롱, 커피하우스, 독서클럽 같은 문화적·정치적 장소가 활발하게 형성되어 작동하고 있었기 때문에 가능했다는 점을 상기할 필요가 있다. 아울러 신문과 서적이 여론 형성을 매개하면서 시민계급이 자신들의 의견을 제약 없이 교류해 온 공간으로서 부르주아 공론장이 형성될 수 있었다는 사실에도 주목해야 한다.

개인주의를 신봉하고 법률적 기본권을 향유하는 사적 존재들이 미디어가 중개하는 공론장으로 들어와 합리적 토론을 통해 공중으로 전환되고 그러한 절차를 통해 여론을 주조한다. 그 여론은 정치권력을 포함해 모든 것들을 정당성의 시험대 위에 올리고자 한다. 궁극적으로 이 여론의 격자를 통과함으로써만 정치권력의 정당성이 확보된다. 하버마스는 부르주아 정치 과정에서 이 여론이 입법의 궁극적 토대로 작용해 왔다고 말하고 있다. 이러한 맥락에서, 여론이 정초하는 규범적 체계를 따라 정치와 국가활동이 수행될 때 법치주의와 법치국가를 말할 수 있다고 하버마스는 주장한다.

이제 서유럽 공론장의 그와 같은 원리에 기대어 한국사회의 민주주의 현실을 스케치해 보려 한다. 물론 하버마스의 공론장 모델이 한국 민주주의의 현재를 평가할 유일한 시금석은 아니다. 서유럽의 18세기라는 시공간적 특수성 속에서 도출된 모델이라는 점에서 한국사회를 분석하는 데 적합하지 않다는 비판도 가능해 보인다. 이에 대해 우리는 다음과 같이 말할 수 있다. '한 정치사회에서 자유주의 원리와 이념이 작동하는가'가 민주주의 형성과 발전을 위한 필요조건이라는 점에서, 하버마스의 공론장 모델을 적용하는 일은 한국사회에서 민주주의의 토대가 어느 정도 확립되어 있는가를 인식할 의미 있는 작업이 될 수 있다. 또한 우리는 하버마스 공론장과 한국사회 사이에 놓인 역사적 거리를 수용하지만, 그럼에도 공론장 모델이 자유주의적 이념, 기본권 보장, 여론의 장소들의 활성화, 공중의 존재와 여론의 정치, 법치주의 등 민주주의의 기초적 원리와 요소들에 의해 뒷받침되고 있다는 전제 위에서 그 모델이 한국사회의 민주주의를 평가하기 위한 중요한 이론적 프리즘이 될 수 있다고 생각한다.

해방 이후 오랜 시간 동안 한국사회는 서유럽 부르주아 사회가 향유한 자유주의와 근본적으로 달랐다. 한국사회는 압축적인 자본주의 근대화를 이룩해 나갔으면서도 사회문화적 차원에서는 개인주의 가치를 온전히 형성해 내지 못했다. 전통적 사유체계와 문화체계에 기원을 두는 집단주의와 공동체 우선주의가 그동안 한국사회의 강력한 이념과 가치가 되어 왔다. 개인은 언제나 자신이 속한 집단, 공동체, 국가를 위한 의무를 수행할 것을, 내면화할 것을 요구받아 왔다. 또한, 한국의 헌법은 국민의 기본권 보장을 명확하게 규정해 놓고 있지만(제10조 모든 국민은 인간으로서의 존엄과 가치를 가지며, 행복을 추구할 권리를 가진다. 국가는 개인이 가지는 불가침의 기본적 인권을 확인하고 이를 보장할 의무를 진다), 실제로는 정치권력의 이해관계 속에서 기본권의 심각한 침해와 유린이 자행되어 왔다. 독재적 권력의 유지라는 목표를 달성하기 위해 헌법의 자의적 개정이 무수히 반복되어 왔다. 말하자면 입헌주의 자체가 존중되지 않는 상황에서 기본권 보장은 수사에 불과할 뿐이었다. 개인의 사적인 가치와 공적인 의지를 실현하기 위해 요구되는 기본권 조항들은 그저 법률적 형식에 불과한 것이었다. 공론장 형성에 절대적으로 필요한 권리인 표현의 자유, 언론의 자유 또한 동일한 운명에 처해 있었다.

이러한 반자유주의적 상황 속의 한국사회에는 자유롭게 발언하고 토론할 장소들 또한 대단히 협소한 수준에 머물러 있거나 거의 존재하지 못했다. 공권력의 조밀한 통제와 감시로 인해 정치적 발언과 토론을 활발하게 진행할 가능성이 원천적으로 봉쇄되어 왔다. 한국에서 2000년대 초반에야 광화문 광장의 조성과 더불어 '광장'이란 용어가 본격적으로 회자되기 시작했다는 사실이 그러한 억압적 상황을 단적으로 드러내 준다. 역설적이게도 그동안엔 박정희 군부권력이 정권의 선전과 미화를 위한 목적으로 조성한 '5·16 광장'이 광장의 대표적인 모델이 되어 왔던 것이다. 그런데 광화문 광장에서 정치적 집회를 연 정당과 사회단체가 경찰에 의해 연행된 2008년의 사건은 한국에서 광장이 여론 형성을 위한 본격적인 장소로 기능할 실제적 기반이 여전히 구축되지 못했음을 말해 주고 있다. 2015년, 광화문 광장에서 벌어지는 집회와 시위에 대한 공권력의 대응에서 그러한 판단이 여전히 유효함을 볼 수 있다.

여기서 우리는 공론장의 부재와 더불어 언론환경의 왜곡 문제를 지적해야 한다. 미군정이 진주 초기에 잠깐 동안 자유주의 언론정책을 시도했던 기간과 4·19 혁명으로 수립된 제2공화정이 자유주의 언론정책을 실시한 기간을 제외하면, 해방 이후 한국의 언론은 전적으로 권위주의 언론의 특성을 보여 왔다. 권위주의 언론이란 권위주의 권력에 종속된 언론을 뜻한다. 반권력적 언론활동을 감시하고 통제하기 위한 사전적·사후적 검열이 만연해 왔고, 언론 취재와 보도의 상당 부분이 권력의 지침을 벗어날 수 없었다. 1980년대 5공화국 전두환 정권이 언론 통제를 위해 활용한 '보도지침'을 대표적 실례로 들 수 있다.

이와 같은 일련의 상황들은 결국 한국의 권위주의 정치권력이 자신의 정치적 정당성을 토론 민주주의, 여론 민주주의의 원리 위에 놓는 것을 받아들이지 않았음을 의미한다. 정치적 사안에 관한 합리적인 의견 표출과 여론 형성을 이끌어 내는 공론장을 인정하려 하지 않았다는 말이다. 그것은 곧 법치주의에 대한 거부를 뜻한다. 역으로, 권력의 정당성을 공중들의 비판적 토론이라는 시험대 위에 세우는 민주주의적 시도들은 불법적인 일로, 공동체의 안정을 훼손하는 일로, 이적행위로 간주되어 왔다. 그리고 그러한 구조적 조건으로 인해 사람들이 공적 주체가 될 가능성이 원천적으로 봉쇄되어 왔다.

그러한 역사적 사실에 비추어 볼 때 1987년 민주화 운동은 매우 중요한 정치사회적 의미를 지닌다. 1987년의 민주화 운동의 결과, 권위주의 지배 원칙이 상당 부분 후퇴하고 여론 민주주의, 토의 민주주의가 작동할 계기가 마련되었기 때문이다. 민주화 운동 과정에서 표출된 국민적 요구사항이 새로운 헌법(6공화국 헌법)에 반영되었을 뿐만 아니라, 자유로운 의사표현의 기본권적 토대가 강화되고 언론활동의 자유도 크게 확대되었다. 공적 주체성의 형성을 위한 제도적 조건이 마련되기 시작했음을 뜻한다.

한국사회에서 자유주의 기반 확대가 가져온 상징적인 정치적 결과물로 1988년의 청문회를 들 수 있다. 청문회의 핵심적 이슈는 전두환 정권의 비리와 언론 통폐합, 그리고 광주 민주화 운동의 군사적 진압이었다. 청문회는 1972년 유신헌법에 의해 사라졌다가 1987년 헌법에서 다시 부활한 국정감사의 연장으로 개최되었다. 청문회는 의회와 정당이 주도한 것이지만 당시 KBS와 MBC 등 지상파 방송국의 적극적인 개입이 없었다면 불가능했다. 당시 노동조합 복원 등 언론 민주주의를 둘러싸고 치열한 대립 속에 있던 두 방송국은 결국 청문회 중계를 결정했다. 그것도 녹화가 아니라 생중계라는 쉽지 않은 결정이었다. 두 방송사는 거의 모든 정규방송을 중단하고 청문회 중계에 온 시간을 할애했는데, 그 결과 청문회가 다루는 정치적 이슈들이 국민적 관심사로 부상할 수 있었다. 국민들은 정치적 정의와 심판을 외쳤고, 당시 신문들은 국민들의 목소리를 의회와 정당으로 전달하는 데 지면을 아끼지 않았다. 결국 국민적 여론은 전임 대통령의 유배라는 예상치 못한 국면을 이끌어 냈다.

1988년의 청문회 정국은 의회와 정당, 미디어, 국민이 공론장을 형성함으로써 여론 민주주의를 실험한 역사적 사례로 해석할 수 있다. 청문회를 둘러싸고 형성된 공론장에는 하버마스가 관찰한 영국 부르주아 공론장이 보여 준 의회–언론–국민의 정치적 연결관계와 프랑스 부르주아 공론장이 경험한 권력에 대한 비타협적인 비판과 저항의 목소리가 재현되고 있었다.

그러한 공론장의 역사와 비교할 때 현재 한국사회가 마주하고 있는 정치적 현실은 그 시간적 거리만큼이나 너무나도 달라 보인다. 그 격차만큼 우리에게는 한국사회의 민주적 공론장에 관한 새로운 문제의식이 필요해 보인다.

2014년 봄에 발생한 세월호 대참사를 풀어 가는 사회적 과정은 여전히 우리 사회에는 여론 민주주의를 이끌 공론장이 존재하지 않고 있음을 보여 준다. 국민들의 생명과 안전과 이익을 지키고 보장하는 것에 정치권력의 존재이유와 정당성이 놓여 있다는 근대 민주주의 사상에 입각할 때 세월호 대참사는 분명 정치권력의 정당성 문제를 제기해야 할 국민적 사안이었다. 304명의 죽음과 실종에 대한 책임으로부터 정치권력이 결코 자유롭지 않다면 그 문제는 공론의 무대에 올라야 했고, 정치권력은 사건의 합리적인 설명과 이해를 요구하는, 권력의 책임과 정당성을 문제 삼는 여론의 운동 속으로 온전히 들어와 스스로를 변호해야 했다.

하지만 권력과 그 지지세력은 정반대의 정치적 길을 걸었다. 진실 규명과 정부의 책임을 주장하는 의견이 제기되고 교류되는 공간을 권력에 위협이 되지 않는 최소한의 차원에서 형식적으로 인정했지만, 그 속에서 형성된 반정부 요구들이 여론으로 형성될 가능성은 철저히 차단하였다. 결국 그 이슈를 둘러싼 자유롭고 개방적인 의견 교환과 여론 형성의 장은 단 한 번도 만들어지지 못했다. 고립적이고 폐쇄적인 '통치'만이 작동하고 있었다.

정치권력은 언제나 민주주의 수호라는 헌법적 가치를 공개적으로 선서함으로써만 국민적 정당성의 터널을 통과한다. 취임의례는 그러한 절차적 과정의 의미를 지닌다. 하지만 오늘날의 정치적 상황은 정치권력의 모순, 즉 수사로는 민주주의를 존중한다고 하면서도 실제로는 정반대의 행태를 향하는 이중성을 보여 주고 있다. 2015년 끝자락에 교과서, 노동, 인권 등 일련의 정치사회적 사안에 관한 의견들을 표출하고 여론을 조성하기 위해 광화문 광장 집회가 시도되었다. 이에 대한 정부의 원천적 금지 선언은 그러한 모순의 명백한 연출이다. 집회와 시위는 표현의 자유라는, 헌법이 보장하는 기본권에 속하는 것이라는 사실을 고려하면, 정부의 집회금지는 헌법정신에 위배되는 것일 뿐만 아니라 여론 민주주의에 대한 전면적 거부다. 그러한 양상은 여론 민주주의의 차원에서 대단히 부정적으로 평가되어 온 이명박 정부보다 2016년 현재의 정부에서 한층 더 심각해 보인다. 외견상으로만 본다고 하더라도, 이명박 정부 때에는 미국산 쇠고기 수입반대에 관한 국민적 여론이 조성될 물리적 공간과 언론이 일정 부분 작동하고 있었지만 현재는 그러한 가능성조차 거의 없어 보이기 때문이다.

공론장이 활성화되고 여론 민주주의가 작동하기 위해서는 어떠한 정치적 문제도 합리적 토론과 논쟁의 대상이 될 수 있다는 원칙이 존중되어야 한다. 말하자면 공론장의 의제에 '성역'과 '금기'가 없어야 함을 의미한다. 공론장은 모든 문제들을 다룰 수 있는 열린 공간이어야 하고 그러한 과정으로 형성된 여론이 권력행위의 규범적 준거가 되어야 한다는 말이다. 하지만 한국사회에서 그러한 원칙은 존중되지 않고 있다. 우리 사회에서는 그 이념적 가치가 확정적이어서 결코 다룰 수 없는 의제가 존재한다. 그러한 의제들은 합리적으로 의심되거나 열린 토론의 주제가 될 수 없으며 종국적으로 여론의 무대에 오를 수 없다. 북한의 적대적·호전적 존재성을 건드리는 정치적 문제들에 대한 이성적 접근의 불가능성이 그 대표적인 예다. 천안함 침몰 사건에 대한 반공주의적 해석은 그와 같은 성역과 금기가 한국사회에서 여전히 존재하며 강력한 힘을 발휘하고 있음을 명확하게 보여 주고 있다.

한편, 하버마스가 분석하고 있는 것처럼, 미디어는 공론장과 여론의 운동에서 필수적인 장소다. 문제는 그 미디어가 존재하는 것만으로 공론의 기능이 보장되는 것은 아니라는 사실이다. 미디어는 정치권력과의 긴장을 유지해야 하며, 경제적 이익이 모든 것을 압도해서는 안 된다.

오늘날 한국사회의 영향력 있는 미디어들은 그러한 두

가지 조건에 전혀 부합하지 않고 있다. 주지하는 것처럼, 지난해 세월호 사건에서 영향력 있는 언론사들은 진정한 의미의 공론을 이끌어 낼 커뮤니케이션 장으로 기능하지 못했다. 그들은 정치권력을 비판적으로 성찰하려 하기보다는 정치권력의 책임을 은폐하거나 축소하려는 보도 태도를 보여 왔고, 사건에 대한 합리적이고 이성적인 토론의 장을 제공하기보다는 자극적인 기사를 가공해 보내는 데 힘을 쏟았다. 시청률과 이익만을 고민하는 보도 행태 속에서 사안의 본질은 숨어 버리고 왜곡된 의견들만이 쏟아졌다. 진실의 토대 위에서 합리적인 토론을 거쳐 여론이 조성될 가능성이 차단되고 있는 것이다.

  앞서 언급했듯이, 한국의 미디어들은 오랜 시간 동안 정치권력의 종속으로부터 벗어나지 못했다. 한국 언론의 정치적 종속성은 미군정의 지배에서 유래했지만 그 이후 권위주의 정치권력의 비민주적 통치로 인해 한층 더 강화되었다. 1987년의 민주화를 통해 언론의 오랜 정치적 종속의 역사를 변화시키는 중대한 계기가 마련되었지만, 역설적으로 한국 언론은 경제적 논리에 종속되는 국면으로 나아갔다. 오늘날 그러한 모습은 약화되기보다는 한층 더 심각한 양상을 보이고 있다. 여기서 우리가 말하고자 하는 것은 경제적 이익에 지배당하고 있는 한국 미디어의 행태들이 공론장의 관점에서 또 다른 심각한 문제를 초래하고 있다는 점이다.

유력한 공중파 방송사와 케이블 방송사들은 더 많은 이익을 위해 새로운 프로그램을 경쟁적으로 개발하여 제공하고 있는데, 대표적으로 연예인들을 내세워 그들의 사적이고 은밀한 이야기들을 적나라하게 보여 주는 오락 프로그램이 있다. 일종의 관음증을 자극하는 그러한 프로그램은 특이한 효과를 만들어 낸다. 시청자로 하여금 스스로 공인이라 말하는 연예인들이 부딪힌 고민과 갈등을 함께 공유하고 있는 것으로 착각하게 하는 효과다.

우리는 이러한 맥락에서 프랑스의 사회학자 부르디외 Pierre Bourdieu의 텔레비전 비판을 읽을 수 있다.

따라서 저는 상징적 폭력이라는 특별히 위험한 형식을 수행하는 텔레비전 메커니즘을 논증해 보이고 싶습니다. 상징적 폭력은, 그것을 행사하는 사람들과 그것을 당하는 사람들의 암묵적인 공모로 행해지는 하나의 폭력입니다. 그것은 그들이 폭력을 가하는 것과 당하는 것을 서로 의식하지 못하기 때문에 가능한 것입니다.

텔레비전이 전달하는 일종의 리얼리티 프로그램은 시청자들이 그 은밀한 폭력성을 전혀 인지하지 못한다는 면에서 상징적 폭력이고, 그들의 지속적인 문화적 관심이 프로그램의 재생산에 기여하고 있다는 면에서 상징적 폭력이다. 말하자면 상징적 폭력이란 보이지 않는 폭력이자 공모 관계적 폭력이다. 그러한 프로그램은 시청자들 스스로 다른 사람의 문제를 이성적인 차원에서 함께 진단하고, 감성적인 차원에서 함께 공감하고 있다고 잘못 생각하게 한다. 그리고 그러한 오류는 궁극적으로 텔레비전이 사적 주체성의 공적 주체성으로의 전환을 가능하게 하는 공론장의 역할을 수행하고 있다는 잘못된 생각으로 귀결된다.

하지만 거기에는 '사이비 공론장'만이 존재할 뿐이다. 시청자에게 텔레비전 속의 '공인'은 소통의 대상이 아니라 감각적 '소비'의 대상일 뿐이기 때문이다. 그러한 방식으로 텔레비전의 시청자는 공론장에 참여하는 것이 아니라 공론장을 소비하는 존재가 되어 간다. 진정한 의미의 공론장은 사적 주체들이 합리성과 이성의 기반 위에서 적극적으로 의사소통을 실천하는 절차 속에서만 형성되는 것이라는 하버마스의 명제를 다시금 되새길 필요가 있다.

보론
하버마스 사상 비판적으로 보기
– 이성을 넘어 감성으로

1791년 4월, 혁명 프랑스는 혁명의 이념과 가치를 체현하는 위대한 인물들을 기릴 묘지로 판테온Panthéon de Paris을 건립하고 미라보, 볼테르, 루소 등을 안장했다. 그런데 그 안장 대상 중에는 —몇 가지 사정으로 안장되지는 못하지만— 『성찰』과 『방법서설』의 저자 데카르트R. Descartes가 포함되어 있었다. 그 사실은 곧 혁명의회가 데카르트를 혁명 정신에 부합하는 영웅으로 생각했음을 의미한다. 그렇지만 그는 볼테르나 루소와 같이 직접적으로 혁명이념에 불을 붙인 정치사상가도 아니고 미라보처럼 혁명의 최전선에서 활약한 투사도 아니었다. 그럼에도 왜 데카르트를 혁명의 영웅으로 삼아야 했던 것일까?

　반복되는 이야기지만 서유럽 정치사회 혁명의 이념적 원천으로서 계몽주의는 이성과 합리성에 대한 절대적 믿음 위에 정립된 시대정신이었다. 자연과 우주와 사회의 모든 진리는 그 이성과 합리성의 힘으로 남김없이 파악될 수 있다는 믿음의 시대가 18세기 서유럽의 계몽주의 시대이다. 그런데 그 이성과 합리성은 어떤 초월적 존재의 능력이 아니라 현실을 살아가는 인간의 능력이었다. 초월적인 존재로서 기독교의 신을 대신해 이성과 합리성을 지닌 인간이 진리의 궁극적 주체로 등장하는 데에는 매우 오랜 역사적 시간이 필요했다. 그러한 과정은 적어도 15세기 르네상스에서 16세기 종교개혁을 지나 17세기 자연과학 혁명으로 이어지는 유럽지성사의 혁명적 운동의 시간들 속에서 진행되고 완결되었다. 수백 년 동안 전개된 그와 같은 지성의 물결은 문화와 예술, 신앙과 구원, 우주와 자연의 진리를 파악하는 주체로서 인간을 주창했으며, 그 새로운 사유운동의 기저에는 모든 것을 냉철하고 명료하고 객관적인 원리 속에서 파악해야 한다는 이성의 열망이 놓여 있었다. 그러한 지적 운동의 에너지는 계몽주의라는 철학과 이념체계 속으로 빨려 들어왔으며, 계몽주의는 그 이성의 목소리를 정치적 실천의 무대에서 분출시켰다.

다시 앞의 정치적 일화로 돌아가면, 혁명 프랑스가 데카르트에게 위대함의 칭호를 부여한 것은 그가 이성이라는 계몽주의 시대정신을 철학적으로 규명해 준 인물이었기 때문일 것이다. 데카르트는 방법론적 회의를 통해 인간 이성이 갖는 진리 발견의 힘을 보여 주었고, 그 이성을 참과 거짓을 밝혀 주는 궁극적 준거로 정립해 냈다. "나는 생각한다, 고로 나는 존재한다"는 명제는 이성의 존재를, 그리고 진리의 척도로서 이성의 인식론적 위상을 가장 명확하게 보여 주는 것이었다.

이성의 원리 위에서 직조된 체제인 서구의 근대는 그 이성의 현실적 구현체인 민주주의와 자본주의를 통해 자신을 실현해 나갔다. 역사는 민주주의를 향한 전진과 물질적 완성을 향한 직선적 과정으로 이해되었다. 이성에 토대를 둔 서구의 근대는 인권, 자유, 평등, 존엄과 같은 보편적 가치들을 창출하고 인간을 물질적 풍요로움의 세계로 안내함으로써 역사적 찬미의 대상으로 등장했다. 역사 전개를 이성의 자기실현으로 파악한 독일 철학자 헤겔의 이성주의 철학은 서구 근대의 정신과 역사적 실천에 대한 치밀한 정당화의 지적 체계였다.

하지만 서론에서 살펴본 것처럼 당대의 지성들은 유럽 근대의 이성에 숨어 있는 폭력성을 정확하게 감지해 냈다. 제국주의 지배와 갈등이 심화되기 시작하는 20세기 전반부터 등장한 비판적 지성의 흐름은 서구 근대가 조형하고 이상화한 '이성적 인간'에 대한 반성을 향하고 있었다. 그 인간은 신이라는 초월적 존재를 대신해 모든 영역에서 진리의 유일하고도 최종적인 주체로 자립했다. 그 주체는 자기 바깥의 어떤 것에도 의지함 없이 스스로 존재할 수 있고 진리를 인식할 수 있는 자율적 존재로 정립한다.

근대인은 온전한 이성을 소유하고 있으므로 자립이 가능하고 그렇기 때문에 진리를 찾기 위해 굳이 '타자'를 필요로 하지 않는다. 그는 타자 없이도, 타자에 의지하지 않고도 존재할 수 있고, 진리를 스스로 품고 있는 자기완결적 존재이자 절대적 확신의 존재다. 칸트 철학의 '선험적 주체', 즉 자기 내부에 진리 인식의 본유적 체계를 지니고 있는 주체야말로 그와 같이 이성적 근대인의 본질을 잘 보여 주는 개념이다.

역설적으로, 그런 점에서 자기 고립적일 수밖에 없는 그 존재는 타자를 향한 사회적 관계의 당위성과 필요성을 인식하지 못한다. 또한 이성적이고 합리적이지 못한 것들은 미완성의 열등함으로 간주되면서 이성과 합리성의 지배를 받아야 할 종속적 존재 또는 배척되어야 할 존재로 전락한다. 앞서 언급한 부분이긴 하지만, 이러한 문제 지평 위에서 푸코는 근대사회에서 광인에 대한 사회적 인식과 규범적 평가 그리고 정신의학적 규제가 어떻게 작동하는지를 분석했다. 그는 이성과 합리성을 인간의 이상적인 존재조건으로 인식하는 근대인 속에 지배의 열망이 은폐되어 있음을 폭로했다.

데카르트적 진리주체, 더 나아가 칸트적 인식주체가 표상하고 있는 고립적 주체성과 독단적 주체성에 대한 비판 위에서 새로운 주체의 가능성을 모색하는 일은 현상학의 철학적 과제였다. 현상학의 창시자 후설E. Husserl은 『데카르트적 성찰』에서 데카르트의 주체성을 넘어설 근본적 사유를 시도하고 있다.

그러므로 '나는 생각한다'(사유하는 자아)라는 선험적 명칭은 그 일부가 다음과 같이 확장되어야 한다. 우리는 모든 사유 작용, 모든 의식체험은 그 무엇인가를 생각하고 이렇게 사념한 방식으로 그 자체 속에 그때그때 그것이 사유된 대상을 지니며 각각의 사유작용은 자신의 방식으로 그러한 것을 수행한다고 주장할 수 있다. 집에 대한 지각은 어떤 집, 더 정확하게는 개별적 집으로서의 어떤 집을 생각하고, 집에 대한 기억을 기억의 방식으로, 집에 대한 상상을 상상의 방식으로, 각각 그 집을 지각의 방식으로 생각한다. … 우리는 [이러한] 의식체험을 지향적 체험들이라고 부른다. 그러나 이 경우 지향성이라는 말은 '의식은 무엇에 관한 의식이어야 하고, 사유작용은 그 사유된 대상을 자신 속에 지니고 있다'는 의식의 보편적인 근본적 특성을 뜻하는 것 이외에 다른 것이 아니다.

후설의 '지향성intentionality' 개념을 따르면 모든 인식주체는 고립적이고 자기완결적으로 존재하는 것이 아니라 언제나 '무엇'과의 필연적 관계성 속에 존재한다. 인식주체의 고립성과 자기완결성을 버리고 주체와 대상 사이의 필연적 연관성을 철학의 선험적 토대로 구축하려 한 후설의 현상학은 인간세계에 대한 새로운 인식론적 지평을 열었다.

현상학의 철학적 토대로서 지향성은 인간세계에서 생활세계 개념으로 정립되었다. 생활세계는 "너와 나의 삶이 상호주관적으로 연결되는 질서이기도 하다. 개개인 간의 상호작용을 통해서 모든 사회제도가 마련된다. … 이 세계 안에서 나는 다른 개인과 언어 그리고 기타 상징을 통해 서로의 의사를 나눈다. 나의 주위세계에 대한 어떤 지식은 나의 사적 의견에 지나지 않는 경우가 있더라도 대부분은 사회적으로 내게 주어진 지식이며 그것은 사회적 기원을 갖는다".

이러한 인식론적 토대로부터 인간세계의 윤리적 관계가 도출된다. 데카르트적 사유 속에서 주체는 자신의 바깥에 존재하는 대상을 자신과 무관하거나 자신의 이성적 원리에 따라 재구성되어야 할 것으로 간주하지만, 현상학적 생활세계에서 타자는 나와 아무런 관련이 없거나 따로 떨어진 존재가 아니라 나의 존재론적 기반을 위한 타자가 된다. 따라서 주체에게서 타자는 자신의 의지대로 바꿀 수 있는 대상이 되지 못한다. 그것은 곧 심각한 자기변형을 가져오는 일이기 때문이다.

타자를 삶의 필연적 조건으로 삼지 않는 선험적이고 자기완결적인 주체를 넘어 나와 타자의 상호의존성에 입각한 새로운 주체, 즉 상호주체inter-subject를 구성하려는 노력은 미국의 심리학자 미드G. H. Mead의 연구를 통해 한층 더 강력한 지적 토대를 구축했다. 『정신, 자아, 사회Mind, Self, and Society』는 인간 주체성의 본질인 '자아'를 본래적으로 존재하는 것이 아니라 타자와의 상호관계와 상호작용 속에서 만들어지는 것으로 보고 있다. '상징적 상호작용symbolic interaction'을 정립한 미드의 사유 속에 현상학적 명제가 사회학적으로, 심리학적 형태로 재현되고 있음을 관찰할 수 있다. '나'라는 존재의 형성과 정립은 나의 고립적인 조건과 행위가 아니라 타자와의 상호성 속에서 확보되는 것이며 그런 면에서 주체성은 반드시 상호주체성을 의미하는 것이다.

타자에 대한 윤리학적 성찰을 통해 새로운 주체성을 구축하려는 시도는 비단 서구의 문제의식만은 아니다. 우리나라에서도 김상봉과 같은 철학자가 그에 대한 깊은 사유를 진행해 오고 있는데, '홀로주체성'의 반정립으로서 '서로주체성'이란 개념이 그러한 문제의식의 귀결이다. 김상봉은 "나의 존재 그 자체가 그 시원은 물론 그 궁극적 완성에서도 바로 만남에 터하고 있다는 것을 밝히는 것이야말로 우리의 과제인 것이다. 요컨대 철학의 체계 자체를 철두철미하게 만남의 이념 위에 세우는 것이 우리의 과제"라고 말하고 있다.

***

이미 살펴보았듯이 하버마스의 사회철학은 반근대주의자와 반이성주의자에 맞서 근대적 서구의 궁극적 원리인 이성과 합리성에 대한 새로운 가능성을 탐색한다. 더 나아가서는 상호성에 입각한 새로운 이성적 주체, 즉 의사소통

합리성의 주체를 확립하기 위한 목표를 지향하고 있다. 그러한 점에서 하버마스의 프로젝트는 우리가 앞서 살펴본, 데카르트 철학이 표상하고 있는 근대 이성의 비판 위에서 새로운 주체 형성의 길을 모색하려 했던 서구 지성의 실천적 의지에 잇닿아 있다. 하버마스는 이성과 합리성의 힘을 절대적으로 신뢰하고 있는데, 그것은 반이성주의자들이 주장하는 것처럼 이성의 해체 혹은 소멸 속에서는 어떠한 희망의 메시지도 발견할 수 없다는 판단 때문이다.

하버마스에게 17-18세기 서유럽 공론장 모델은 이성과 합리성의 희망을 볼 수 있는 매우 중요한 역사적 사례였다. 그가 볼 때 서구의 근대 이성은 고립적이고 자기완결적이라기보다는 상호성 속에서 존재해 왔다. 공론장의 이성적·합리적 주체들은 열린 대화와 토론을 통해 여론을 형성해 냈으며 그 여론의 힘으로 기득권의 정치질서에 도전하고 보다 나은 체제의 문을 열 수 있었다. 하버마스는 이 부르주아 공론장의 역사적 모델을 통해 자신이 이론화한 '커뮤니케이션 이성'의 원초적 움직임을 볼 수 있었다. 그리고 그는 21세기 현대사회의 민주주의를 위한 모델로서 의사소통행위이론을 정교하게 구축했다.

이성적 의사소통을 통해 상호성으로 연결된 주체들은 공동체적 윤리성 위에서 자신들의 정치적 존재성에 대한 내적 정당화를 이룩하고, 외부 문제들에 대한 민주주의적 개입과 실천의 힘을 만들어 낸다.

하버마스의 철학적 지평은 근본적으로 이성과 합리성에 대한 믿음을 향해 열려 있다. 하지만 그는 서구의 전통적인 이성주의자들처럼 이성과 합리성을 한 개인의 개별적이고 자기완결적인 의식의 차원에 국한하려 하지 않는다. 그는 개인과 개인을 인격과 규범의 차원에서 매개하는 힘으로서 이성과 합리성을 이야기하고 있다. 그 힘은 상대를 인격체로 받아들이고 수평적 대화를 통해 차이를 해소하며 나아가 윤리적 관계와 민주적 공동체를 구축하는 토대다.

자연스러운 결론이지만, 하버마스가 제시한 공론장의 핵심적인 조건은 그 구성원들이 이성적이고 합리적인 소통능력을 지니고 있어야 한다는 사실이다. 그렇다면 하버마스의 공론장은 근본적인 차원에서, 이성과 합리성을 결여하고 있는 존재들은 참여할 수 없는 배타적 여론의 공간이 된다. 가령 자신의 생각과 의견을 객관적이고 논리적으로 표출할 수 없는, 나아가 자신의 이해관계와 타인의 이해관계를 합리적으로 조정하고 수렴해 갈 능력을 갖추지 못한 인간들은 공론장의 주체가 될 수 없지 않느냐는 질문이 제기되는 것이다. 하지만 그와 같은 인간들을 교육을 통해 이성적이고 합리적인 존재로 키우게 된다면 그들 또한 공론장의 구성원이 될 자격을 확보하게 된다고 생각할 수 있을지 모른다.

하지만 그러한 해법이야말로 사회 전체를 이성과 합리성의 원리로 재구축하려 한 17-18세기 서구 계몽주의의 패권적 기획이라고 말할 수 있다. 거기에는 이성과 합리성이 바람직한 인간관계와 사회관계의 유일한 원리가 될 수 있다는, 확정되지 않은 믿음이 깔려 있는데 하버마스의 사상 또한 그와 같은 비판으로부터 결코 자유롭지 않다. 아도르노가 서구 문명의 폭력성에 대한 해법으로 제시한 미메시스, 즉 원초적인 예술적 체험에 대한 하버마스의 부정적 평가에서 우리는 그러한 판단의 근거를 보게 된다.

하버마스에 대한 비판적 사유를 좀 더 밀고 나가면, 이성과 합리성에 대한 절대적 신뢰는 불가피하게 그것과는 다른 본질을 갖는 것으로 이해되는 정신적 능력, 예컨대 감성과 감정적 능력이 인간적 관계를 만들고 윤리성을 구축하는 데 어떠한 힘을 지니고 있는지에 대한 진지한 사유를 어렵게 한다. 우리는 이러한 문제의식 위에서 이성과 합리성의 원리를 넘어, 감성과 감정에 기반하는 인간관계와 소통가능성을 모색할 필요를 인식한다.

감성과 감정이 인격적 주체의 근거이자 윤리적인 인간관계와 사회관계의 궁극적 토대라는 사유는 서구 철학과 사상의 역사에서 넓고 깊게 자리 잡아 왔다. 서구의 근대가 이성과 합리성의 원리 위에서 이상적인 인간과 완전한 사회를 만들어 낼 수 있다는 믿음에 서 있을 때, 이성과 합리성의 저편에서 또 다른 사유가 자라나고 있었다. 흄David Hume, 애덤 스미스Adam Smith 등의 스코틀랜드 도덕철학자들과 프랑스 사상가 루소가 그 대표적인 인물들이다. 이들은 감성과 그에 기초하는 이타심을 핵심적인 개념으로 삼아 윤리적 인간, 윤리적 사회의 원리를 발견하고자 했다.

흄은 인간에 내재한 또 다른 정신적 능력으로서 감정을

고려해야 하며 이 감정이 이성을 지배한다고 말했다. 이 감정이 공감의 원천이다. 그리고 공감은 다른 사람들의 감정을 포착하는 자연발생적 능력이자 성향인데, 이 공감이야말로 한 인간이 다른 인간과 밀접한 관계를 맺을 수 있는 기초다. 애덤 스미스 또한 인간을 본성적으로 감성과 타자성을 지닌 존재로 이해했다. 인간의 감정 중에서 도덕적 판단을 이끄는 감정은 공감인데, 이 공감은 인간의 자연스러운 성향이다.

　같은 맥락에서, 루소도 인간을 본성적으로 자기보존의 욕구와 함께 이타적 감성을 지닌 존재로 바라보았다. "인간 영혼 최초의 가장 단순한 움직임에 대해 고찰해 보면, … 그 하나는 우리의 안락과 자기보존에 대해 열렬한 관심을 기울이는 원리며, 또 하나는 모든 연약한 존재, 특히 우리 동포의 고통이나 멸망을 보는 것에 대해 자연스러운 반감을 일으키게 하는 원리"라고 루소는 말했다. 루소가 상상한 인간은 타인의 고통을 공감할 수 있는 존재인데, 그 공감능력은 이성보다는 감성에 바탕을 두고 있다.

　감성적 존재로서 인간의 공감능력과 연민의 힘을 바라본

17-18세기 서유럽 사상가들의 통찰력은 19세기 낭만주의 운동에서 새롭게 등장했다. 낭만주의 문학과 예술은 인간은 이성적이고 합리적인 존재라는 계몽주의적 전제를 거부하고 공감과 상상의 힘을 통해 타자와 교감하고 하나가 되는, 나아가 자연, 우주와 결합하는 존재로 바라보았다. 낭만주의에서 인간 힘의 무한성은 이성이 아니라 감성에 내재되어 있었다.

감성과 그것에 바탕을 둔 공감 그리고 연민에 대한 철학적·문예적 관심은 현대에 들어 체계적인 이론의 수준으로 발전하고 있는데, 그 대표적인 사례로 리프킨Jeremy Rifkin의 방대한 저술 『공감의 시대』를 들 수 있다. 리프킨은 인간 본성에 관한 현대 의학과 심리학 이론들에 의지해 인간은 본래 '공감하는 존재Homo Emphaticus'임을 주장하고 있다. 하지만 호모 엠파티쿠스에 대한 그의 강조는 단지 인간 본성의 또 다른 측면을 보여 주려는 데 있지 않다. 그 개념은 인류 문명이 초래한 위기를 넘어설 새로운 인간성 패러다임이라는 차원에서 중대한 의미를 지닌다. 리프킨은 "정에 민감하고, 우애를 갈망하고, 사교적이며, 공감을 넓히려는 성향"이야말로 인류의 "지속 가능한 균형을 회복"할 수 있게 하는 힘이라고 역설하고 있다.

하버마스와 리프킨의 문제의식은 궁극적으로 같은 궤도를 돌고 있는 것처럼 보인다. 두 연구자 모두 서구 근대가 가져온 사회적 모순과 갈등을 이성과 합리성의 논리에서 찾고 있고 그것을 넘어설 철학적·사회학적 대안을 모색하기 때문이다. 하버마스가 이성과 합리성이 도구적으로 사용되고 효율성의 지배를 받는 것을 문제의 근원으로 삼고 있는 것처럼, 리프킨은 공리주의에 입각해 자신의 이익을 극대화하기 위해 작동하는 이성과 합리성의 원리를 위기의 본질로 지적하고 있다. 하지만 그 문제와 위기에 대한 두 사람의 해법은 근본적으로 차이를 보이고 있다. 역설적이게도 하버마스가 이성과 합리성의 위기를 이성과 합리성의 상호적·소통적 측면을 통해 넘어서려고 하는 반면에 리프킨은 스코틀랜드 도덕철학과 루소 등의 사상적 영감에 힘입어 감성과 공감의 패러다임을 대안으로 제시하고 있다.

앞서 우리는 하버마스가 주창하는 상호주체성의 한국적 문제의식으로서 철학자 김상봉을 언급했다. 김상봉이 하버마스와 같은 철학적 지점에 자리하고 있다면, 정치학자 황태연은 리프킨과 사유의 궁극적 토대를 공유하는 것으로 해석된다. 물론 다양한 역사적 사례와 이론을 도구로 문제에 접근하는 리프킨과는 달리 황태연의 책『감정과 공감의 해석학』(전 2권)은 동서양 철학과 심리학을 주된 사유영역으로 삼아 논의를 이끌어가고 있지만, 감정과 공감을 현대 문명 혹은 한국사회의 모순과 혼란을 극복할 대안적 패러다임으로 제시하는 데에서는 두 사람이 다르지 않다.

정리해 보자. 하버마스는 하나의 이성적 주체가 다른 하나의 이성적 주체를 만나 합리적으로 소통하고 차이와 갈등을 해소해 가면서 공동의 의견을 창출해 내는 세계야말로 서구 근대가 초래한 위기를 극복할 유일한 대안이라고 주장하고 있다. 그와 같은 실천적 사유의 단초는 서유럽의 공론장에 대한 역사적·사회학적 분석에서 시작되었다. 그점에서 소통하는 이성, 커뮤니케이션 합리성이야말로 하버마스 사회철학의 핵심적 열쇠다.

우리는 하버마스 사상이 윤리적 인간, 민주적 사회를 향한 근본적 원리를 설득력 있게 제시하고 있음을 인정하지만 이성과 합리성이 윤리적 인간관계와 사회관계의 유일한 잠재력인가에 대해서는 비판적 성찰이 필요하다고 생각한다. 17세기 스코틀랜드 사상가들로부터 21세기 현대철학자에 이르기까지 지속적으로 이어져 온 윤리적 인간과 공동체의 토대로서 감정과 공감의 사유가 그 정당성을 만들어 주고 있기 때문이다.

하버마스 연보

1929년   뒤셀도르프에서 지역상공회의소 소장의 아들로 출생(6월 18
         일).

1944년   2차 대전 중 '히틀러 소년단Hitlerjugend' 단원으로 활동, 정치적
         스캔들의 원인으로 작용.

1949년-1954년 괴팅겐 대학, 취리히 대학, 본 대학에서 철학과 역사
         학 전공.

1953년   〈프랑크푸르트 알게마이네 차이퉁Frankfurter Allgemeine Zeitung〉
         지에 하이데거의 정치철학을 공개적으로 비판, 진보적 지식
         인을 향한 중대한 계기로 작용.

1954년   본 대학에서 철학박사학위 논문 「절대자와 역사Das Absolute
         und die Geschichte」 통과.

1959년-1961년 프랑크푸르트 대학 사회연구소 근무, 교수자격 논문
         준비, 논문을 둘러싼 갈등으로 지도교수 호르크하이
         머와 결별.

1961년   마르부르크 대학과 하이델베르크 대학에서 강의, 마르부르
         크 대학에서 교수자격 논문 「공론장의 구조변동」 통과.

1963년-1964년 서독사회학회가 주관한 '실증주의 논쟁'에 참여, 비판

사회이론의 체계를 한층 더 정교화.

1965년   호르크하이머의 후임으로 프랑크푸르트 대학 철학-사회학
          정교수 취임.

1967년   '대학과 민주주의'라는 토론회에서 독일 학생운동의 혁명적
          교조주의 비판.

1971년   학생운동권의 비판이 거세지자 프랑크푸르트 대학 퇴직, 막
          스-플랑크 연구소Max Flanck Institut로 이동(소장 재직).

1980년   아도르노상 수상.

1981년   『의사소통행위이론Theorie des kommunikativen Handelns』(전 2권)
          출간.

1983년   프랑크푸르트 대학 복귀.

1986년   독일 역사논쟁에 참여해 히틀러 정권의 정치적 정당성을 주
          장하는 보수주의 역사가들과 대결.

1994년   프랑크푸르트 대학 정년퇴임.

1999년   코소보 사태, 세르비아에 대한 나토 군사적 개입의 정당성
          표명.

2001년   이라크 전쟁 비판.

2008년-2010년 유럽연합의 위기에 관한 토론에 참여, 유럽연합의 민
          주적 정당성 주창.

참고문헌

골드만, 뤼시엥(Lucien Goldmann), 이춘길 역, 『계몽주의 철학』, 지양사, 1985.

김상봉, 『서로주체성의 이념: 철학의 혁신을 위한 서론』, 길, 2007.

김재현, 「하버마스 사상의 형성과 발전」, 김재현 외, 『하버마스의 사상: 주요 주제와 쟁점들』, 나남, 1996.

나이, 조셉(Joseph Nye), 양준희 역, 『국제분쟁의 이해: 이론과 역사』, 한울아카데미, 2001.

노명우, 『계몽의 변증법: 야만으로 후퇴하는 현대』, 살림, 2005.

로크, 존(John Locke), 이재한 역, 『인간 오성론』, 다락원, 2011.

루소, 장 자크(Jean-Jacques Rousseau), 최석기 역, 『인간불평등기원론/사회계약론』, 동서문화사, 2012.

르 봉, 귀스타브(Gustav Le Bon), 김성균 역, 『군중심리』, 이레미디어, 2011.

리프킨, 제레미(Geremy Rifkin), 이경남 역, 『공감의 시대』, 민음사, 2010.

맥내어, 브라이언(Brian McNair), 김무곤·안민호 외 역, 『정치 커뮤니케이션의 이해』, 한울아카데미, 2001.

미드, 허버트(G. Herbert Mead), 나은영 역, 『정신, 자아, 사회』, 한길사, 2010.

배영수 편, 『서양사 강의』, 한울, 1994.

베버, 막스(Max Weber), 금종우 외 역, 『지배의 사회학』, 한길사, 1981.

_____, 박성환 역, 『경제와 사회 1』, 문학과 지성사, 2003.

브랜트, 애리(Arie Brand), 김원식 역, 『이성의 힘: 하버마스 의사소통행
　　　위이론에 대한 입문』, 동과서, 2000.

사이드, 에드워드(Edward Said), 박홍규 역, 『오리엔탈리즘』, 교보문고,
　　　2007.

샤르티에, 로저(Roger Chartier), 백인호 역, 『프랑스 혁명의 문화적 기
　　　원』, 일월서각, 1998.

서정복, 『살롱문화』, 살림, 2003.

스미스, 애덤(Adam Smith), 박세일·민경국 공역, 『도덕 감정론』, 비봉출
　　　판사, 2009.

아도르노, 테오도르(Theodor Adorno)·호르크하이머, 막스(Max Horkheimer),
　　　김유동 역, 『계몽의 변증법』, 문학과 지성사, 2001.

아리에스, 필립(Philippe Ariès)·뒤비, 조르주(Georges Duby)·페로, 미셸
　　　(Michelle Perrot), 이영림 역, 『사생활의 역사 3(르네상스로부터 계몽
　　　주의까지)』, 새물결, 2002.

융거, 볼프강(Wolfgang Jünger), 채운정 역, 『카페하우스의 문화사』, 에디
　　　터, 2002.

이동신 외, 『정치 커뮤니케이션의 이해』, 커뮤니케이션북스, 2004.

이영재, 「데이비드 흄의 '공감' 개념에 관한 연구」, 『한국정치학회보』
　　　48(4), 2014.

제레, 프랑수아(François Géré), 고선일·유재명 역, 『인류의 영원한 굴레, 전쟁』, 부키, 2005.

차인석, 『사회인식론』, 민음사, 1987.

타르드, 가브리엘(Gabriel Tarde), 이상률 역, 『여론과 군중』, 이책, 2012.

푸코, 미셸(Michel Foucault), 이규현 역, 『광기의 역사』, 나남, 2003.

피어슨, 크리스토퍼(Christopher Pierson), 박형신 외 역, 『근대국가의 이해』, 일신사, 1997.

하버마스, 위르겐(Jürgen Habermas), 홍윤기·이정원 역, 『이론과 실천』, 종로서적, 1971.

_____, 한승완 역, 『공론장의 구조변동: 부르주아 사회의 한 범주에 관한 연구』, 나남, 2001.

_____, 장춘익 역, 『의사소통행위이론』(전 2권), 나남, 2006.

호르크하이머, 막스, 박구용 역, 『도구적 이성 비판』, 문예출판사, 2006.

후설, 에드문트(Edmund Husserl)·핑크, 오이겐(Eugen Fink), 이종훈 역, 『데카르트적 성찰』, 한길사, 2002.

후지타니, 다카시, 한석정 역, 『근대 일본의 권력과 국가의례』, 이산, 2003.

황태연, 『감정과 공감의 해석학: 공자 윤리학과 정치철학의 심층 이해를 위한 학제적 기반이론』(전 2권), 청계, 2014.

Balandier, Georges, *Le Pouvoir sur Scènes*, Editions Balland, 1992.

Ellul, Jacques, J. Wilkinson(tr.), *The Technological Society*, New York: Alfred A. Knopf, 1964.

_____, J. Neugroschel(tr.), *The Technological System*, New York: Continuum, 1980.

Giesey, Ralph E., "Models of rulership in French royal ceremonial," Sean Wilentz(ed.), *Rites of Power: symbolism, ritual and politics since the Middle ages*, The University of Pennsylvania Press, 1985.

Weber, Max, Gerth, H. H., Mills, C. Wright(eds.), *From Max Weber: Essays in Sociology*, Oxford University Press, 1958.

[세창명저산책]